OS X en poche, le PDF

Vos documents méritent un format portable

OS X en poche, le PDF

Vos documents méritent un format portable

Sylvain GAMEL

Publié par Sylvain Gamel,
2015

Mentions légales

Couverture et illustrations : Sylvain GAMEL

ISBN : 978-2-9548792-2-2
EAN : 9782954879222

Première publication : novembre 2015

Sylvain GAMEL
19 R. de la Siagnole
83440 Montauroux

www.SylvainGamel.fr

Les caractéristiques et le fonctionnement des logiciels mentionnés dans cet ouvrage dépendent de l version des applications et des systèmes d'exploitation.

Table des matières

1 Préambule

Une première partie pour préparer vos bagages. Nous allons nous engager ensemble dans un court voyage pour apprendre à utiliser encore plus notre Mac.

Préface

Un format universel et portable pour vos documents.

L'informatique est un monde en perpétuel mouvement. Les machines évoluent à un pas de course permanent pour avoir toujours plus de puissance de calcul. Les mises à jour des systèmes s'enchainent pour suivre ce rythme et les logiciels se doivent eux aussi de suivre cette course.

Dans ce tourbillon permanent, il est bien difficile de trouver un ilot de stabilité. Et alors que le numérique envahit de plus en plus nos vies, il est critique de trouver un point d'ancrage pour assurer la stabilité et la pérennité de nos documents.

Après tout, qu'y a-t-il de plus fragile et volatile qu'un fichier informatique ?

Si vous êtes comme moi, vous cherchez probablement à réduire votre consommation de papier. Et pour archiver vos documents les plus futiles, comme les plus importants, il vous faut choisir un format stable.

Le format PDF vous offre cette stabilité :

- son format est clairement défini au sein de l'Organisation Internationale de Normalisation (l'ISO, *International Standard Organisation*) ;
- il est lisible sur la plupart des systèmes informatiques ;
- il offre même des fonctionnalités graphiques, vidéo et interactives.

Et comme les Mac parlent particulièrement bien la langue PDF, votre ordinateur sait parfaitement bien l'afficher et le manipuler en sortant de sa boite. Si l'aventure vous tente de pousser la promenade de quelques encablures, nous verrons ensemble quelques logiciels qui multiplieront la dextérité de votre Mac.

Tout l'objet de ce livre est de vous faire découvrir comment tirer parti des outils que le Mac met à votre disposition et vous transformer en un magicien du PDF, alors commençons tout de suite et ensemble cette initiation.

L'auteur

Développeur depuis 1997, Sylvain Gamel est tombé dans la boite à transistors sur un Commodore 64. Il a glissé deux fois sur l'Amiga avant de passer le cap et basculer dans l'univers très beige du PC monté sur mesure. Bien que l'assembleur lui ait un peu forcé la main pour acheter une licence Windows 95, son cœur penchait clairement du côté Linux.

Un ultime saut l'a fait basculer vers le Mac en 2001, alors que les DVD de Mac OS X 10.1 étaient encore tout chauds sortis des presses de Cupertino. Et depuis, version après version, il s'efforce d'améliorer sa connaissance d'OS X.

Depuis 2010, il est développeur indépendant. En plus, de son activité de consultant, il édite des applications pour iOS et s'efforce de partager sa connaissance du Mac en écrivant quelques livres.

Depuis la publication du dernier « *Automatisez sous Mac* », il anime le site Automatisez.net. Vous pouvez le trouver sur Twitter (@sgamel).

Remerciements

J'ai commencé ce projet de livre seul face à mon écran, mais c'est accompagné que j'ai pu le mener à terme. Merci pour leurs avis et leurs relectures à Jenny (@Jenm4e et debutersurmac.com), Jean-Marie (paisible.fr) et Thomas (tdimeco.fr).

Et comme toujours, merci à Florence pour sa patience pendant mes longues soirées d'écriture et de mise en page.

Mais aussi merci à vous, lecteurs, pour votre confiance. Je vous souhaites une bonne lecture.

1.1 Introduction

PDF : Portable Document Format ; est un format portable, au sens universel, de documents.

1.1.1 Qu'est-ce que le format PDF ?

Commençons par essayer de répondre la première question qui devrait vous venir à l'esprit : *qu'est-ce que le format PDF ?*

C'est un format de documents qui a l'avantage d'être multiplateforme. Une façon de dire qu'un document qui respecte ce formalisme s'affichera de la même façon, et ce quel que soit votre environnement de travail, que ce soit sur Mac, avec Windows, Linux ou même le web.

Initialement inventé par la société Adobe, ce format de documents est maintenant devenu un format reconnu et normalisé à un niveau international.

Le PDF est initialement conçu pour transposer un contenu graphique et textuel.

À ce titre, il permet de regrouper dans un document unique du texte, des graphismes, des polices de caractères (fontes).

Il est bien entendu possible d'insérer dans un PDF une image *bitmap*, comme une photo. Mais pour pouvoir être réellement indépendant du système d'affichage, ou d'impression, il est largement plus utile d'utiliser des graphismes vectoriels.

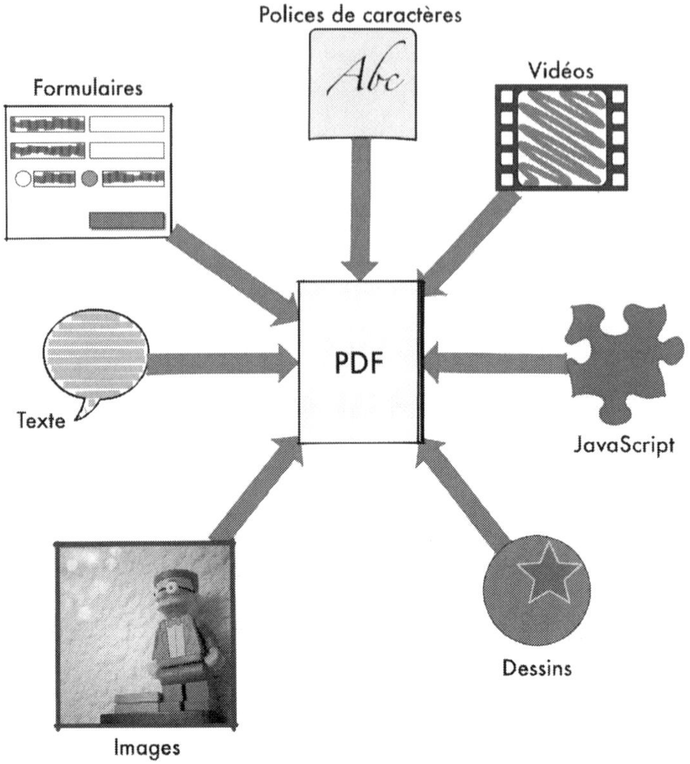

Illustration 1: Le format PDF

Les principaux types de médias et de données que l'on peut stocker dans un fichier au format PDF.

Son premier domaine d'utilisation était centré sur le secteur de la publication informatique, mais de nombreux éléments dynamiques ont été intégrés dans le format de document comme :

- la possibilité de construire des formulaires interactifs ;
- l'incrustation d'objets modélisés en 3D ;
- le support du JavaScript
- l'intégration de vidéos.

Aujourd'hui, le format PDF est un format bureautique assez généraliste pour construire des documents structurés autour de l'idée de pages. Ils peuvent intégrer quelques éléments d'interactivité. Avec sa capacité d'être associé à un système de gestion des droits[1], son utilisation s'est étendue aux livres électroniques et le positionne aussi en concurrent du format ePub[2]

1. Les fameux DRM (Digital Right Management) ou MTP (Mesures Techniques de Protection) en bon français.
2. Le secteur du livre électronique est riche en formats. L'ePub est pour sa part construit sur des technologies issues du web comme le HTML, le CSS et le JavaScript.

1.1.2 Le format PDF et OS X

OS X s'appuie sur le format PDF, et plus précisément son modèle graphique, pour construire tout son moteur d'affichage. Il est donc tout naturel qu'Apple propose avec son système l'application Aperçu pour lire les PDF.

Illustration 2: L'application Aperçu

Vue d'ensemble de l'application Aperçu avec son icône.

En s'appuyant sur le PDF, OS X a l'avantage de proposer une démarche commune entre la gestion de l'affichage sur l'écran et la transposition physique dans un système d'impression. Les programmeurs peuvent ainsi réutiliser les mêmes briques logicielles pour l'affichage et l'impression.

Il est intéressant de faire un rapide retour en arrière aux origines d'OS X, ou plus exactement de NeXTStep.

Lorsque la société NeXT a cherché un moteur graphique pour le système de ses stations de travail, elle s'est tournée vers la société Adobe, championne des outils de *Publication Assistée par Ordinateurs* (P.A.O.). Au début des années 1990, le *Postscript* était le langage universel pour parler aux imprimantes. NeXT et Adobe en ont conçu une version plus légère mieux adaptée aux écrans graphiques : *Display Postscript.*

Mais, lorsque Apple a racheté NeXT pour faire de NeXTStep le nouveau système d'exploitation de ses ordinateurs Macintosh, le choix a été fait de laisser tomber *Display Postscript* au profit d'une nouvelle technologie : le PDF.

Ce choix a été motivé par des raisons financières. *Display Postscript* n'était en rien un format ouvert et Apple aurait dû reverser des droits d'utilisation à Adobe. Construire une nouvelle plateforme et ne pas être seul maitre à bord sur un sujet aussi crucial

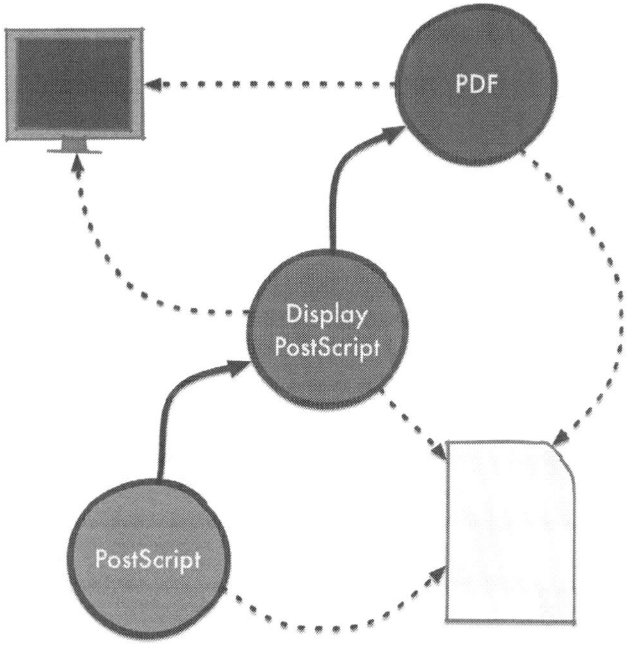

Illustration 3: Généalogie du PDF

L'évolution de Postscript vers DisplayPostScript puis le PDF. DisplayPostScript et PDF sont bien adapté à l'affichage sur écran, mais tous ont pour but l'impression.

n'apparaissait certainement pas comme un choix stratégique très judicieux. Après tout, l'affichage est une des fondations cruciales d'un système d'exploitation moderne.

Basculer sur le modèle utilisé par le plus récent format PDF avait l'avantage de préserver une large part de la logique existante. Le format étant ouvert, Apple n'avait plus aucun droit à payer à Adobe et pouvait aller de l'avant.

1.1.3 Impression et PDF

Le système d'impression d'OS X est largement construit autour du format PDF.

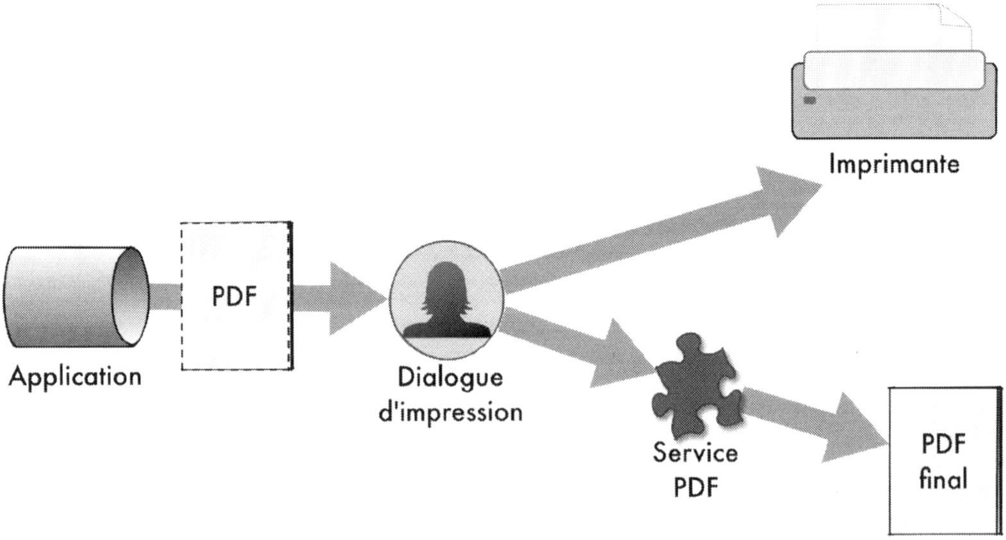

Illustration 4: Flux d'impression

Les applications OS X produisent un document au format PDF. Il sera ensuite traité par un service ou envoyé au pilote de l'imprimante.

OS X vous permet ainsi de créer un PDF à partir de *tous* les documents que vous êtes capable d'imprimer.

Les applications produisent des documents au format PDF qui sont traités par le système d'impression et seront traduits pour l'imprimante par son pilote.

Si vous avez déjà été attentif lorsque vous imprimez un document vous aurez certainement remarqué que le dialogue d'impression inclut un petit bouton, en bas à gauche, intitulé « *PDF* ».

Ce bouton vous ouvre la porte vers un nombre illimité de fonctionnalités pour construire et manipuler les documents PDF qui sont envoyés au système d'impression. Ce sujet sera traité dans le troisième chapitre, dans la section qui traite des services .

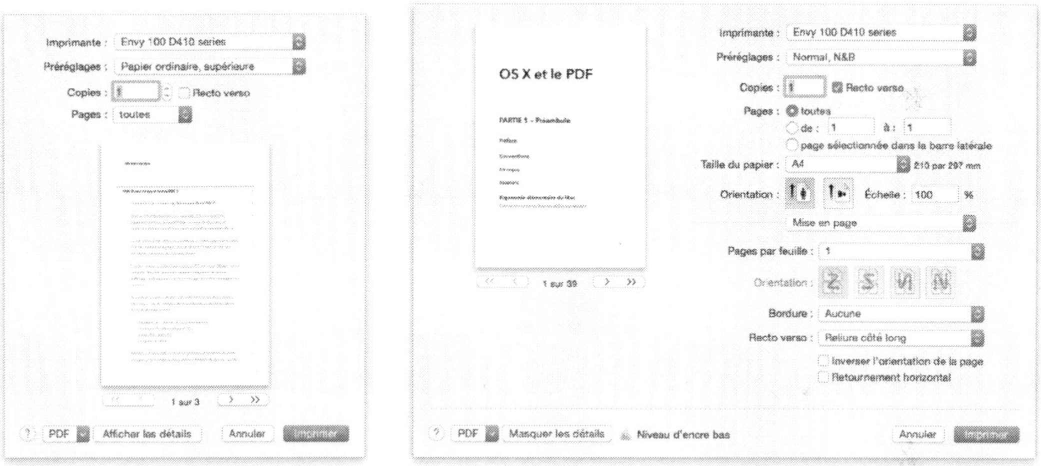

Illustration 5: Dialogue d'impression

Le dialogue d'impression dans son format compact à gauche, et détaillé à droite.

Pour faire court, le système d'impression vous permet d'envoyer un document sur votre imprimante ou de récupérer directement un document PDF qui pourra faire l'objet d'un traitement intermédiaire.

Le système vous permet ainsi non seulement de *visualiser* les PDF avec l'application Aperçu, mais elle vous permet également d'en *créer* en passant par son système d'impression.

1.1.4 Plan du livre

Après cette courte partie d'introduction, le reste de ce livre est divisé en cinq grands chapitres :

1. Le premier présente les fonctions de consultation et de manipulation avec le Finder, Spotlight et Aperçu ;
2. Le second chapitre approfondit la découverte d'Aperçu en dévoilant les capacités des outils de modification.
3. Le troisième chapitre est une introduction à quelques fonctionnalités plus avancées comme les flux de traitement de PDF dans le système d'impression ainsi qu'une très courte présentation de l'outil Automator.
4. Un quatrième chapitre propose quelques solutions logicielles tierces qui aideront à aller un peu plus loin dans les opérations de numérisation, de traitement et de classement des PDF.
5. Enfin, le cinquième chapitre fera le lien entre OS X et les systèmes mobiles d'Apple. Parce que maintenant nos écrans nous suivent sur le terrain avec nos outils bureautiques les plus importants.

Je vous souhaite une bonne découverte.

1.2 Conventions

Histoire de m'assurer que nous partageons un même vocabulaire, je vous encourage à lire les paragraphes qui suivent.

1.2.1 Prérequis

Je vous rassure tout de suite, il ne vous est pas nécessaire d'être un champion de l'informatique ou du Mac pour lire ce livre.

Un minimum d'intérêt et de curiosité sont bien entendu utiles. Mais je compte bien ne pas vous lâcher la main tout le long de votre progression.

Je m'attends simplement à une connaissance basique du fonctionnement de votre Mac. Vous consultez vos courriels, vous imprimez des documents et savez vous promener un minimum dans vos dossiers avec le *Finder*.

1.2.2 Typographie

1.2.2.1 Dans le texte

Dans cette section je vous présente les quelques conventions typographiques que vous allez rencontrer dans ce livre.

menu « *fichier/ouvrir…* »

Menus, commande, action, élément d'interface et raccourci-clavier sont écrits entre guillemets et en italique.

« ⌘ »

Le symbole représente la touche commande (« **cmd** »). Votre clavier possède deux de ces touches, une de part et d'autre de la barre d'espace.

« ⌥ »

Le symbole représente la touche **option** (également désignée par « **alt** »). Votre clavier possède deux de ces touches, à côté des touches **cmd**.

« ⇧ »

Le symbole représente la touche **majuscule**. Là encore, le clavier contient deux touches majuscules, une de part et d'autre du clavier.

« ↩ »

La touche de validation, ou **entrer**, est représentée par ce symbole. Cette touche vous permet généralement de confirmer une saisie dans un champ. Elle peut aussi s'utiliser pour activer le bouton par défaut, colorié en bleu, dans une fenêtre.

Application

Les noms d'application comme le Finder ou Automator.

« *fichier* », « *dossier* », « *chemin/vers/fichier.pdf* »

On désigne un nom de fichier, un nom de dossier ou un chemin de cette façon.

en *italique*

Les caractères *italiques* sont utilisés pour mettre en exergue les termes nouveaux, les mots anglais ou la signification des acronymes.

1.2.2.2 Encarts

Des notes et remarques éveillent votre attention sur des points précis. Les liens internet sont indiqués par un code QR ainsi que par son URL en clair.

Important : Les points importants, ou les avertissements, sont à lire absolument.

> **Note** : Une note vous détaille, ou vous met en garde, sur un point précis.

Astuce : Un truc, une astuce, bref une alternative plus rapide qui passe par quelques chemins de traverse.

1.2.2.3 Schémas

Symbole représentant un clic.

Symbole représentant un clic-maintenu.

Symbole pour le lâché d'un clic.

Représentation d'un glissé-lâché.

Combinaison de touche avec une action de souris.

1.3 Ergonomie élémentaire du Mac

Si le Mac est déjà votre quotidien, cette section ne vous apportera peut-être pas de révélation particulière. En revanche, si vous avez découvert l'informatique en ne faisant que regarder par les « Fenêtres », le Mac est un peut-être un territoire inconnu que cette section vous aidera à explorer.

1.3.1 Application active

Si les ordinateurs sont capables de faire fonctionner simultanément plusieurs applications, il n'existe cependant qu'un seul clavier et une seule souris pour dialoguer avec votre Mac.

C'est pour respecter les contraintes du monde physique que le système ne permet qu'à une seule application d'être *active* à un instant donné.

Cette application affiche fièrement son nom en le plaçant en première position dans la barre des menus, juste après l'icône en forme de pomme croquée.

Sans doute possible, c'est vers la barre de menu que vous devez tourner votre regard pour identifier l'application active.

Une application présente normalement une fenêtre : que ce soit un document, comme TextEdit, ou que ce soit un outil, comme pour Calculette. Tout comme il n'existe qu'une seule application active, il n'existe aussi qu'une seule fenêtre à l'écoute.

La fenêtre active n'a pas la même décoration que les autres, son ombre est plus prononcée et les boutons de manipulation de la fenêtre sont colorés.

Si vous avez l'habitude du système Windows, vous êtes probablement étonné de voir la barre des menus en dehors de votre fenêtre de travail. C'est une des différences entre ces deux univers concurrents. Mais une barre de menus fixe a l'avantage de vous donner un point de repère visuel instantané.

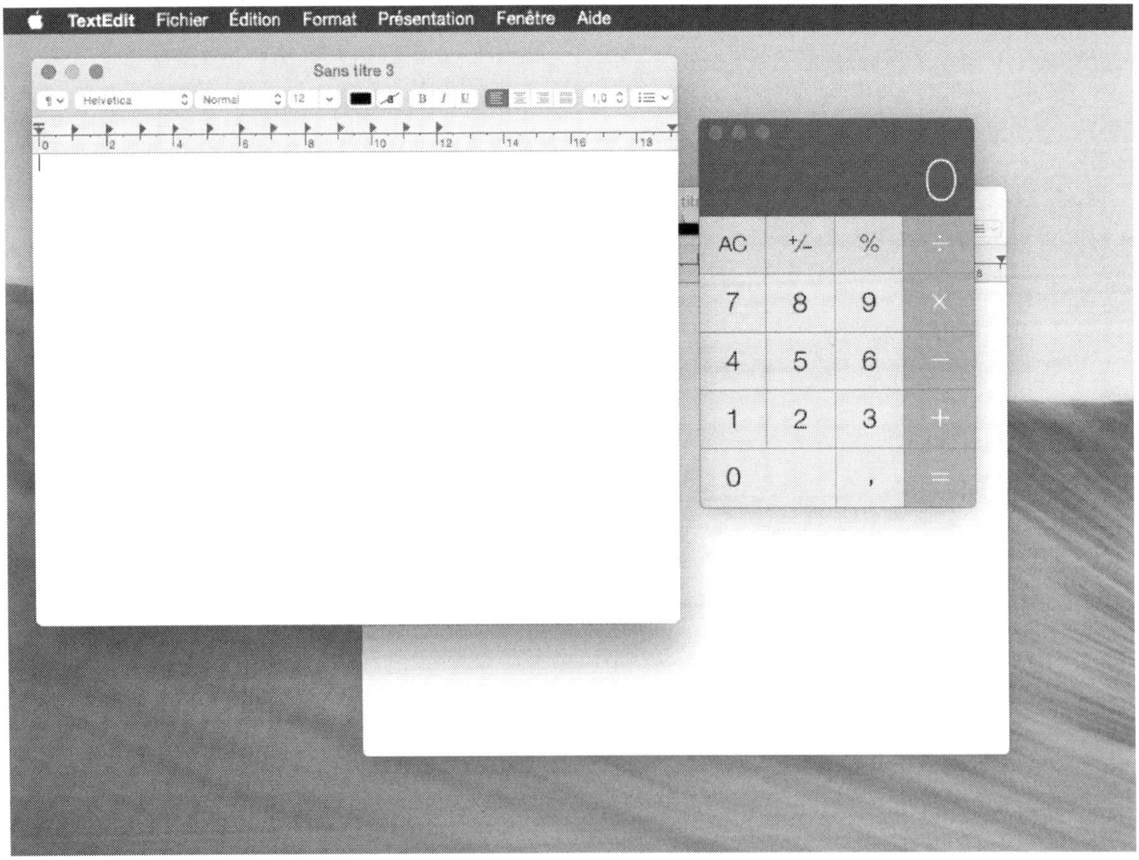

Illustration 6: Application active

Le nom de l'application est dans la barre des menus. Ici j'utilise le thème sombre.

1.3.2 Clic à gauche ou clic à droite ?

Je parle volontiers de clics de souris alors que je n'utilise que le trackpad, ou pavé tactile, de mon portable. C'est un abus de langage volontaire dans un souci de simplicité.

Depuis son apparition en 1984, le Mac est connu pour n'avoir que des souris à un bouton. Depuis de nombreuses années déjà, les souris Apple n'ont même plus un bouton visible, ce qui n'aide pas vraiment à effacer cette image d'une gestion simpliste de la souris.

Balayons tout de suite cette idée reçue : le Mac *sait* gérer les souris ayant plus d'un bouton. Mais ce n'est pas le comportement par défaut. Et ce choix vise tout simplement à faciliter la prise en main de votre machine et favoriser un apprentissage progressif.

Quand je parle de clic, ou de *clic primaire*, cela veut dire :

- cliquer sur le bouton de gauche de la souris ;
- appuyer sur la totalité d'une souris Apple sans bouton pour activer le clic ;
- appuyer sur le pavé tactile pour cliquer.

En revanche, un *clic secondaire*, correspondra :

- au clic sur le bouton droit d'une souris à au moins deux boutons ;
- au maintien de la touche **ctrl** pendant un clic[3].

Le clic primaire est le plus utilisé. Il est indispensable à l'utilisation de l'ordinateur.

3. Que ce soit un clic avec le bouton gauche d'une souris, le clic avec le corps d'une souris sans bouton ou même un clic sur votre trackpad.

Le clic secondaire n'est qu'une facilité, un moyen d'avoir à portée de doigt quelques raccourcis vers des actions secondaires.

Mais les utilisateurs un tant soit peu expérimentés, ou habitués à l'ergonomie de Windows n'auront pas de soucis à activer et utiliser le clic droit de leur machine.

> **Note** : Il ne faut pas avoir peur de se promener dans les réglages de votre Mac. Ouvrez Préférences Systèmes et allez dans le panneau des réglages de la souris, ou du pavé tactile.

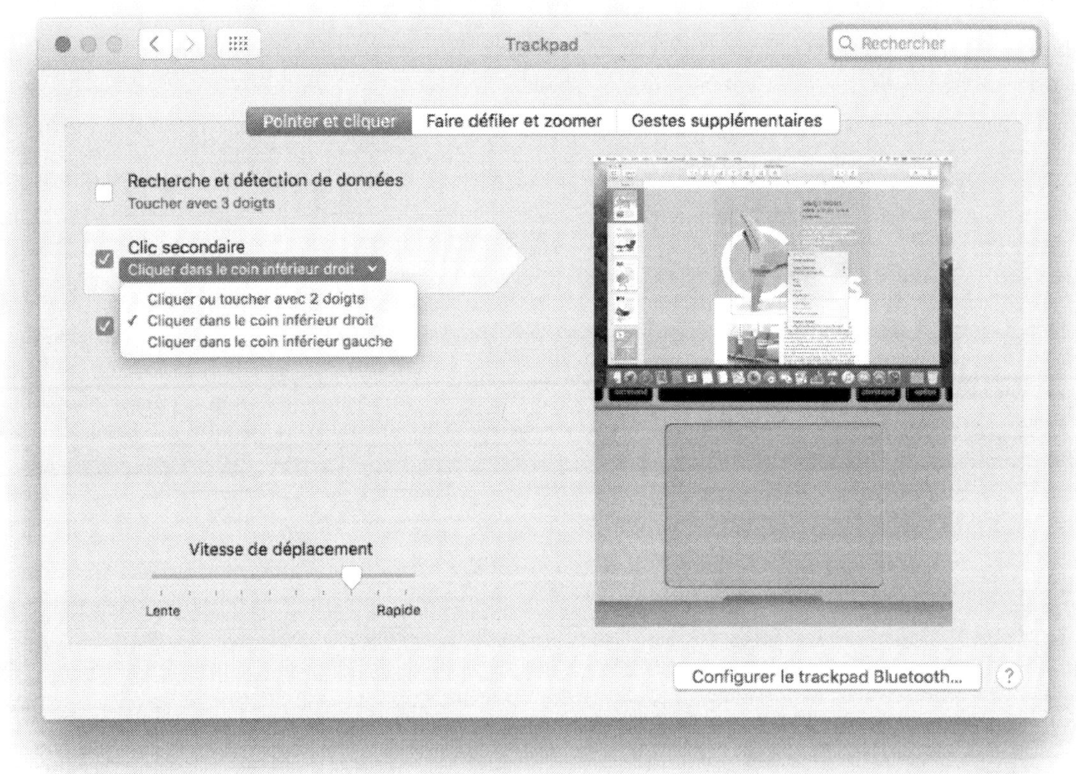

Illustration 7: Les réglages du pavé tactile

Vous pouvez définir comment accéder au clic secondaire dans les préférences. N'ayez pas peur de le faire !

1.3.3 Quelques touches un peu spéciales

Les claviers d'un Mac proposent quelques touches complémentaires pour réaliser des combinaisons de raccourcis clavier et clavier + souris/trackpad :

- Les touches **majuscules** (⇧) gauche et droite ;
- La touche contrôle (**ctrl**) ;
- La touche **option** (⌥), également étiquetée « **alt** » comme sur un clavier PC.
- La touche **commande** (⌘ou **cmd**) qui est un équivalent de la touche Windows sur un clavier PC.

Vous trouverez aussi la touche « **fn** » pour accéder aux touches de fonctions et quelques autres petites subtilités.

https://support.apple.com/fr-fr/HT201236

> **Note** : Ne confondez pas les touches **majuscules** (⇧) avec la touche **verrouillage-majuscules** (⇪). Cette dernière n'est normalement pas utilisée pour les combinaisons des raccourcis claviers.

Astuce : Retrouvez les principaux raccourcis clavier d'OS X dans la base de connaissance d'Apple, article _HT201236 .

1.3.4 Sélection d'un élément

Pour sélectionner l'élément d'une application, il suffit généralement de cliquer sur sa représentation. Par exemple, dans le Finder on doit cliquer sur son icône ou son nom.

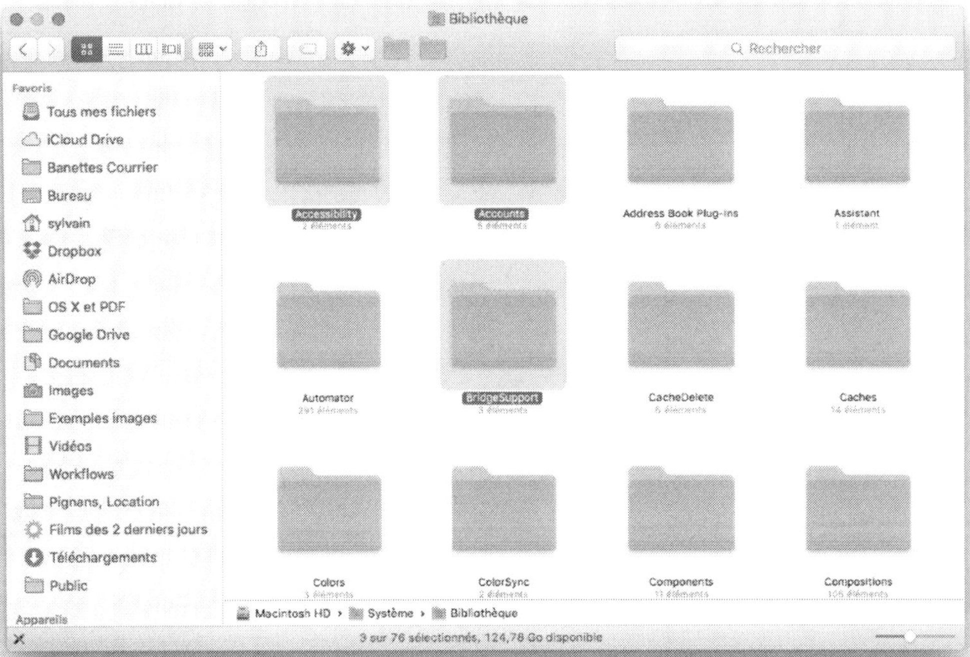

Illustration 8: Éléments sélectionnés et non-sélectionnés dans le Finder

Les éléments sélectionnés sont différentiés par le fond gris de l'icône et le fond bleu du nom.

L'élément change alors de présentation pour se signaler à vous. Un fichier sélectionné dans le Finder a son nom sur un fond bleu et son icône est sur un fond grisé.

Il est normalement possible d'effacer une sélection en cliquant sur l'espace entre les éléments.

1.3.4.1 Sélection d'un ensemble quelconque d'éléments

Il est souvent utile de sélectionner plusieurs éléments et qui ne sont pas des voisins immédiats. Par exemple lorsque vous devez faire votre sélection dans une liste qui se répartit sur plusieurs écrans.

Pour cela vous devez combiner le clic gauche avec la touche **cmd** :

1. sélectionnez un élément avec un clic ;
2. visez un autre élément et tout en maintenant la touche **cmd** appuyée, cliquez sur cet autre élément pour l'ajouter à votre sélection.
3. répétez la seconde étape autant de fois que nécessaire.

Notez que la même combinaison **cmd + clic** vous permet tout autant d'ajouter que d'enlever un élément à votre sélection.

1.3.4.2 Sélection d'une série continue d'éléments

Pour sélectionner un ensemble d'éléments qui sont des voisins immédiats il vous est possible d'utiliser une autre combinaison clavier + souris :

1. un premier clic sur le premier élément de la série
2. la combinaison ⇧ **+ clic** sur le dernier élément à sélectionner.

Cela aura pour effet de sélectionner les deux éléments sur lesquels vous aurez cliqué *ainsi que tous les éléments intermédiaires*

2 Organisation, lecture et annotations

Dans ce premier chapitre pratique, nous allons commencer par les bases en abordant le Finder *et la lecture de documents avec* Aperçu.

Ce chapitre est une introduction aux outils les plus simples d'OS X :

- Le Finder pour ce qui concerne l'organisation et la recherche de vos documents.
- Comment utiliser Aperçu comme liseuse de documents PDF ?
- Aperçu avec ses outils de relecture et d'annotation.

2.1 Dans le Finder

Dans cette section, nous allons faire le tour des fonctionnalités essentielles qui sont proposées par le Finder *pour manipuler des documents PDF. Le* Finder *est le gestionnaire de fichiers du Mac. Il s'agit d'une pièce centrale pour tout ce qui concerne la manipulation des documents et leur organisation sur les disques durs.*

Avertissement : cette section ne sera pas une introduction au Mac, et je suppose que vous maitrisez un minimum des concepts comme la navigation dans le disque ainsi que la gestion des fichiers.

Nous allons maintenant suivre trois axes d'exploration :

1. la visualisation rapide avec la fonctionnalité coup-d'œil ;
2. la consultation des caractéristiques d'un document ;
3. la recherche de documents.

Illustration 9: Icône du Finder

L'icône du Finder que vous trouverez toujours en première position dans votre Dock.

2.1.1 Visualiser avec Coup d'œil

2.1.1.1 Présentation

La fonctionnalité *Coup d'œil* est proposée par OS X pour fournir un aperçu général de toutes sortes de documents. Cet aperçu permet d'en consulter le contenu *sans avoir besoin de lancer l'application.*

Il est ainsi possible de visualiser le contenu d'un document Microsoft Word sans avoir installé ce logiciel.

> **Note** : en effet, loin d'être limité aux seuls documents PDF, Coup d'œil permet à tous les logiciels de fournir un module capable de présenter une visualisation rapide de leurs formats de document. De son côté, le système embarque un ensemble de modules pour les formats de fichiers les plus répandus, dont le PDF.

Le Finder utilise les visualisations *Coup d'Œil* de différentes façons :

- la visualisation rapide de document.
- la création d'icônes dynamiques pour les fichiers.
- la présentation des documents dans la vue *Cover Flow*

Nous allons nous intéresser principalement à la première fonctionnalité qui est, à mon avis, la plus utile.

Les aperçus peuvent être utilisés comme icône en lieu et place de celui fournie par défaut avec l'application. Cette option est normalement cochée par défaut et peut être

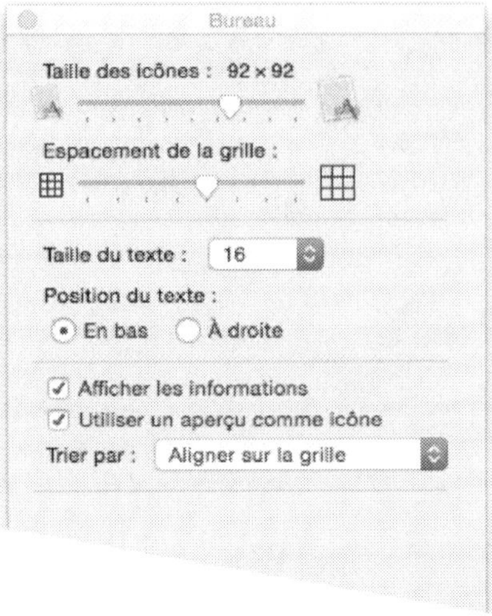

Illustration 10: Options de présentation dans un dossier

La fenêtre des options de présentation d'un dossier pour le Finder. Remarquez l'option pour utiliser un aperçu comme icône.

spécifique à un dossier particulier. Activez les aperçus dans les options de présentation du Finder avec le menu « *présentation / afficher les options de présentation* » (⌘ **+ J**).

2.1.1.2 Visualiser un document

La manipulation est très simple :

1. sélectionnez un fichier dans le *Finder* en cliquant sur son icône.
2. ouvrez la visualisation en utilisant une de ces méthodes :
3. appuyez une fois sur la touche **espace**
4. sélectionnez l'élément « *Coup d'œil sur...* » dans le menu associé au bouton d'action dans barre d'outils du Finder.

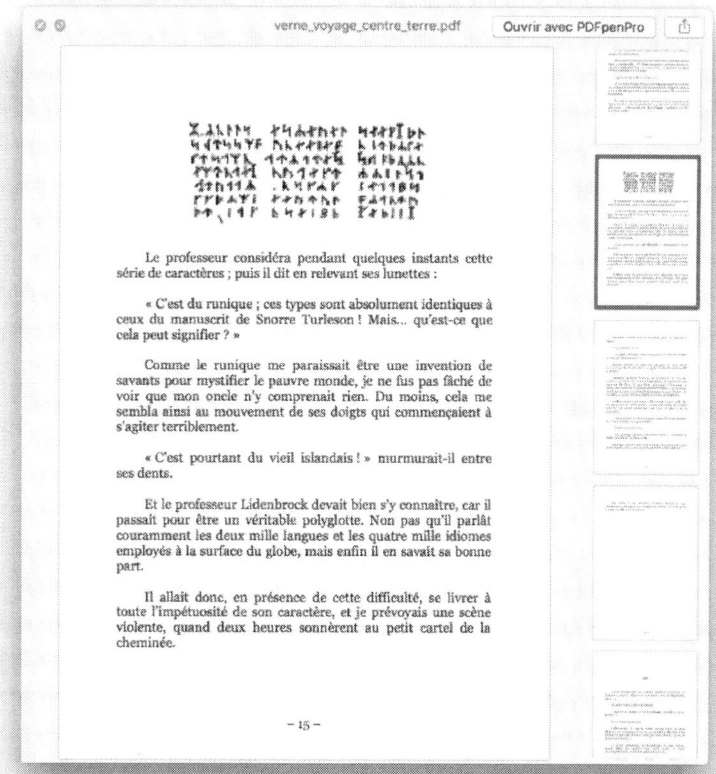

Illustration 11: Coup d'œil sur un document

Fenêtre d'un coup d'œil sur PDF avec les vignettes de page à droite.

2.1.1.3 Visualiser plusieurs documents

La manipulation est exactement la même, la seule différence étant qu'il vous suffit de sélectionner plusieurs documents avant de déclencher la visualisation rapide.

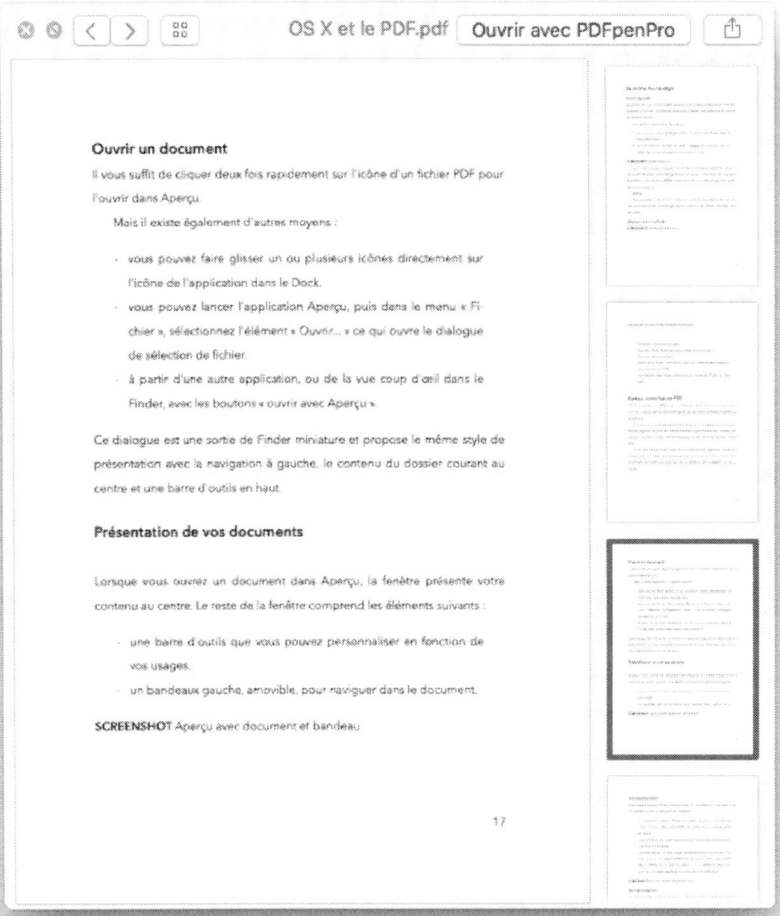

Illustration 12: Coup d'Œil sur plusieurs PDF

Fenêtre d'un coup d'œil avec plusieurs documents PDF sélectionnés dans le Finder. Remarquez les boutons de navigation ajoutés en haut, à gauche.

Remarquez que dans ce cas, une icône supplémentaire permet d'afficher une grille des différents documents sélectionnés pour naviguer entre eux.

2.1.1.4 Naviguer dans les pages d'un document

Lorsque la visualisation rapide est ouverte, la liste des pages du document courant s'affiche sur la droite, sous la forme de vignettes.

Vous pouvez faire défiler cette liste de vignettes et sélectionner la page pour laquelle vous voulez un aperçu.

Il est possible d'utiliser le clavier pour naviguer entre les pages. Pour cela, il faut utiliser les touches page précédente (**fn + haut**) et page suivante (**fn + bas**).

Si vous avez cliqué sur une vignette, l'élément actif est entouré de bleu. Vous pouvez alors naviguer entre les pages en utilisant les touches haut et bas.

2.1.1.5 Le cas particulier des piles de documents

Les piles de documents sont visibles dans le Dock de votre Mac.

> **Note :** vous pouvez créer une pile de documents en glissant un dossier dans le Dock. Différentes options d'affichages sont alors possibles. La vue en éventail convient à un petit nombre de documents alors que la grille permet d'en voir plus.

Dans ce contexte, la présentation de la vue *Coup d'Œil* est légèrement différente :

- les vignettes ne sont pas affichées sur la droite.
- il est possible de faire défiler les pages avec la molette d'une souris ou le glissement de deux doigts sur le trackpad.

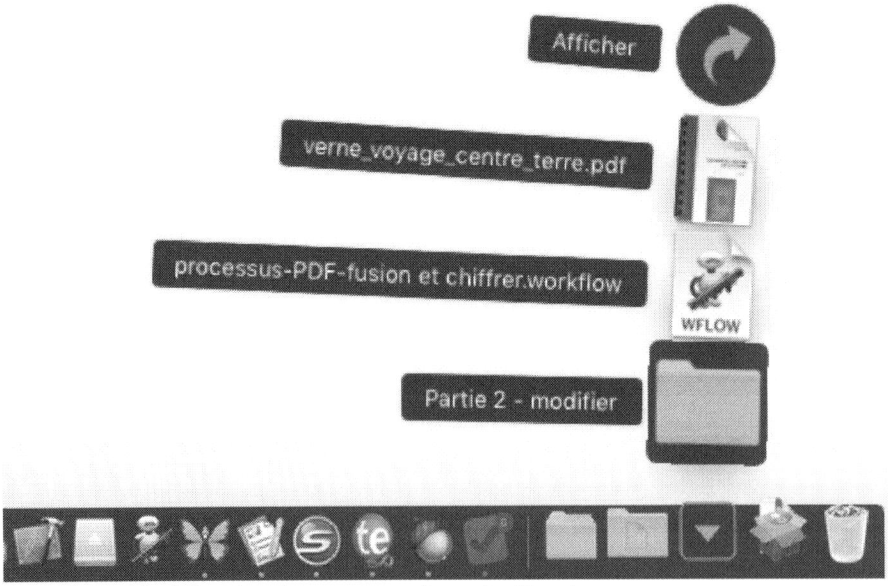

Illustration 13: Pile de document dans le Dock

Lorsqu'un dossier est glissé dans le Dock, il s'affichera sous la forme d'une pile, ici en éventail.

2.1.2 Informations sur les documents

L e Finder vous permet de consulter les informations, ou *métadonnées*, liées à un ou plusieurs fichiers.

Cette fenêtre d'informations permet de consulter de nombreuses caractéristiques communes à tous types de documents. Mais en plus de la classique taille du fichier, la date de création et celle de modification, le contenu de cette fenêtre s'adapte au type de fichier sélectionné.

Ainsi, pour les documents PDF, vous pouvez consulter le nombre de pages, la taille de celles-ci en points, l'éventuel chiffrement associé au document. D'autres informations liées aux applications utilisées pour générer le PDF sont également affichées.

> **Note** : La partie « aperçu » est elle aussi une visualisation du document qui utilise la fonction *Coup d'œil*. Il est ainsi possible de tourner les pages en cliquant sur les flèches affichées sur les vignettes.

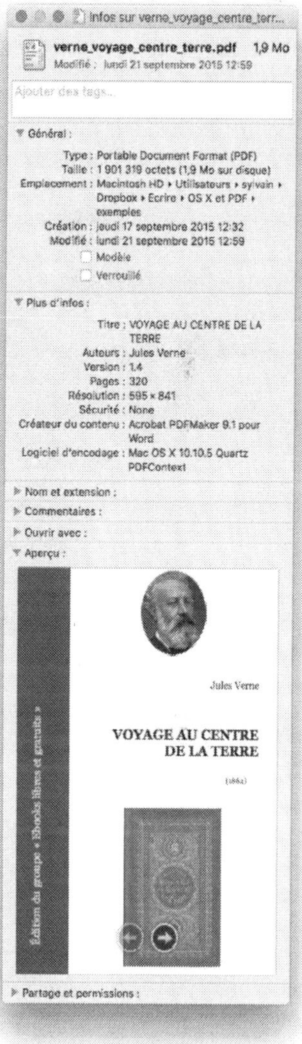

Illustration 14: Informations sur un fichier

Visualiser les méta-données d'un fichier PDF dans la fenêtre d'information du Finder.

2.1.3 Rechercher avec Spotlight

2.1.3.1 Activer Spotlight

Spotlight est une fonctionnalité centrale d'OS X depuis Mac OS X 10.4. Elle propose un moyen centralisé et simple pour lancer une recherche d'informations dans votre Mac.

Illustration 15: Accès à Spotlight

Le champ de recherche pour dialoguer avec Spotlight dans OS X 10.11. Tapez votre recherche ici.

Spotlight est activé de deux façons :

- un clic sur l'icône Spotlight en haut à droite de l'écran, dans la barre des menus.
- La combinaison de touches **cmd + espace**. Ce raccourci est valable dans toutes les applications de la machine.

Ce simple raccourci ouvre un champ de recherche au centre de l'écran. Entrez votre demande dans ce champ pour voir quasi instantanément une série de résultats. Les résultats affichés s'affinent au fur et à mesure que vous précisez votre recherche.

> **Note** : avec l'arrivée d'OS X 10.11 El Capitan, il est même possible de formuler ses demandes dans un langage naturel comme « *les fichiers modifiés cette semaine ?* ».

2.1.3.2 Chercher à partir du Finder

Vous pouvez également déclencher une recherche directement à partir d'une fenêtre du Finder :

1. ouvrez une fenêtre Finder pour afficher le dossier *Documents* ;
2. entrez un mot clé à chercher dans le nom du fichier en le saisissant dans le champ placé en haut à droite de la fenêtre ;
3. validez avec la touche « **entrée** » ;
4. les résultats s'affichent ;
5. cliquez sur le bouton « + » pour ajouter un critère ;
6. une nouvelle ligne s'ajoute pour définir un critère :
    1. la première liste de valeurs proposée correspond à l'attribut sur lequel définir un critère de recherche ;
    2. la seconde valeur indique la condition à avoir ;
    3. un troisième champ permet de saisir une valeur ou de la choisir dans une liste.
7. sélectionnez l'attribut « *type* », le critère « *image* » et enfin laissez la valeur « *tous* » pour ne pas distinguer JPEG, PNG ou autres formats.

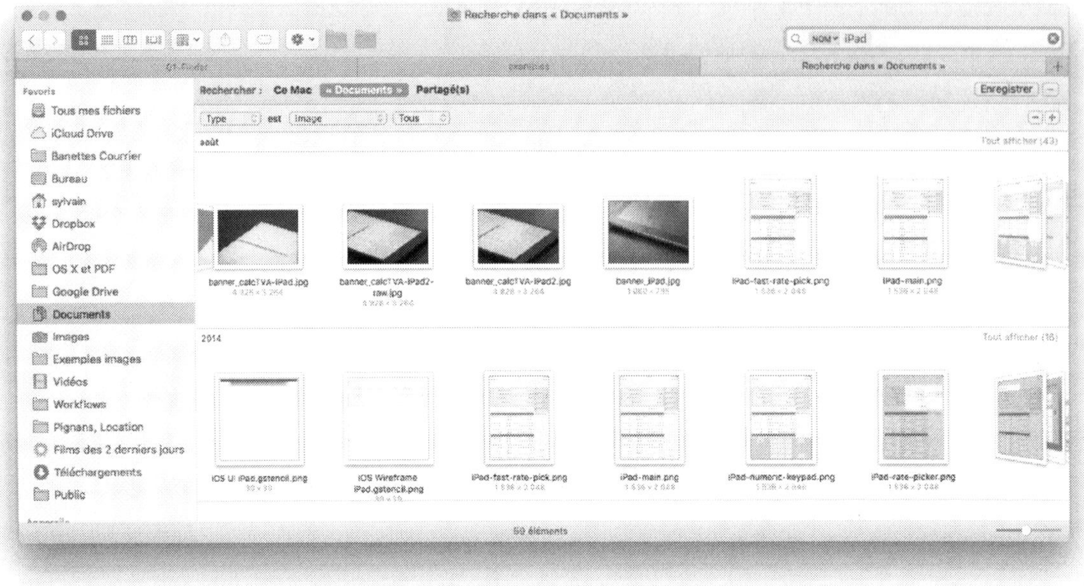

Illustration 16: Recherche dans le Finder

Le Finder permet de faire une recherche sur les fichiers, au contraire de Spotlight qui accepte des requêtes bien plus large.

2.1.3.3 Construire une recherche à critères complexes

OS X est capable de construire des recherches complexes, mais avec OS X 10.11, El Capitan, vous n'avez plus besoin de retenir les mots clés nécessaires. Formulez votre demande en bon français, et Spotlight devrait[4] être capable de vous répondre, par exemple :

> *« pdf pièce jointe d'email en septembre 2015 »*

4. Même si je suis certain que vous trouverez vite qu'El Capitan a encore quelques lacunes.

Mais lorsqu'une simple phrase ne suffit pas, il est parfois utile de basculer de Spotlight vers le Finder :

1. sélectionnez, en bas des résultats, l'élément « *tout afficher dans le Finder* » ;
2. la fenêtre Spotlight disparaît et une fenêtre Finder s'ouvre pour afficher votre recherche ;
3. cette fenêtre inclut votre recherche dans le champ en haut à droite et une barre de recherche est affichée sous ce champ ;
4. vous pouvez maintenant personnaliser plus en détails les critères de recherche en ajoutant un premier critère ;
5. cliquez sur le bouton « + » placé à droite de la barre de recherche ;

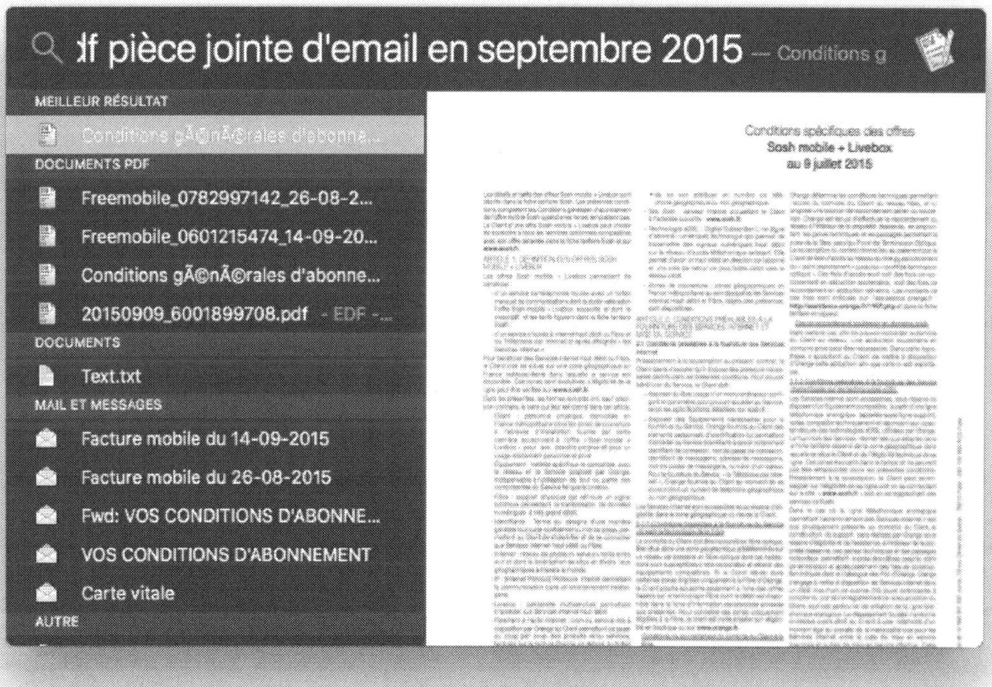

Illustration 17: Résultats de recherche dans Spotlight

Les résultats s'affichent directement sous le champ de recherche et utilisent aussi le coup-d'œil pour présenter un aperçu du contenu.

6. une nouvelle ligne s'ajoute pour définir un critère :
    1. la première liste de valeurs proposée correspond à l'attribut sur lequel définir un critère de recherche ;
    2. la seconde valeur indique la condition à avoir ;
    3. un troisième champ permet de saisir une valeur ou la choisir dans une liste.

Par exemple, vous pouvez indiquer que vous voulez un fichier dont le nom contient le terme « *condition* ».

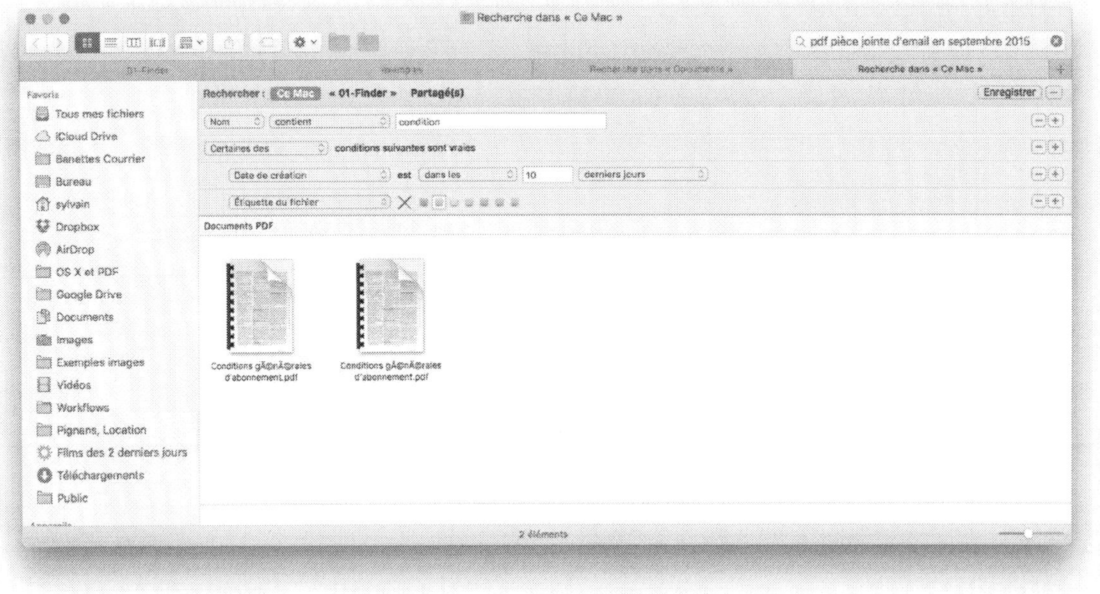

Illustration 18: Recherche dans le Finder

Vous pouvez construire des recherches plus complexes dans le Finder en assemblant des critères.

Vous pouvez utiliser de nombreux attributs sur le document recherché, et pour chaque type, une liste de conditions est possible.

Astuce :Au lieu de simplement cliquer sur le bouton « + » pour ajouter un champ, vous pouvez aussi presser la touche **option** (⌥) en même temps. Dans ce cas, le « + » se transforme en « ... » et n'ajoute pas une condition, mais un groupe de conditions.

Pour plus de détails sur l'utilisation de Spotlight, je vous renvoie à la documentation officielle d'Apple.

Vous devez bien comprendre qu'un PDF peut regrouper du texte et des images. En général, un document imprimé contient le texte. Au contraire, si vous manipulez un fichier numérisé, il contiendra le plus souvent uniquement l'image du document. Le texte ne peut y être ajouté qu'à postériori en utilisant un logiciel de reconnaissance de texte, un OCR[5]. Vous comprendrez aisément l'intérêt d'utiliser ce genre d'outils pour faciliter vos recherches.

De même, chaque fichier de votre ordinateur est défini par un ensemble d'informations qui le caractérisent en complétant son contenu brut[6]. Ainsi, une photo au format JPEG contient souvent les informations sur la date de prise de vue, le modèle d'appareil photo ou éventuellement l'emplacement de la prise de vue. Les PDF n'échappent pas à la règle et intègrent leurs propres informations comme l'auteur, le sujet du document, l'outil utilisé pour le construire, etc.

Ces métadonnées sont normalement toutes disponibles comme critère de recherche.

5. OCR pour Optical Character Recognition, reconnaissance optique de caractères.
6. On parle de méta-données, les données sur les données.

2.2 Aperçu, votre liseuse PDF

OS X propose par défaut de nombreuses applications plus ou moins connues. Aperçu *fait certainement partie des applications indispensables sur le système. Comme son nom l'indique, elle est utilisée pour visualiser vos documents. Elle est capable d'afficher de nombreux types de fichiers : images, documents Microsoft Office, fichiers Postscript et bien entendu les documents PDF. Dans ce chapitre, nous allons voir comment cette application peut être utilisée pour consulter les documents. Nous verrons ensuite dans le chapitre suivant comment aller plus loin en annotant ou en modifiant vos documents.*

2.2.1 Ouvrir un document

Il vous suffit de cliquer deux fois rapidement sur l'icône d'un fichier PDF pour l'ouvrir dans Aperçu.

Mais il existe également d'autres moyens :

- vous pouvez faire glisser une ou plusieurs icônes directement sur celui de l'application dans le Dock.
- vous pouvez lancer l'application Aperçu, puis dans le menu « *fichier* », sélectionnez l'élément « *ouvrir…* » ce qui ouvre le dialogue de sélection de fichier.
- à partir d'une autre application, ou de la vue *Coup d'œil* dans le Finder, avec le bouton « *ouvrir avec Aperçu* ».
- à partir du Finder, en sélectionnant l'élément « *ouvrir avec / Aperçu* » dans le menu contextuel qui est affiché après un clic secondaire.

Ce dialogue est une version réduite et allégée du Finder et propose le même style de présentation. Vous y retrouverez la navigation à gauche, le contenu du dossier courant au centre et une barre d'outils en haut.

2.2.2 Présentation de vos documents

Lorsque vous ouvrez un document dans Aperçu, la fenêtre présente votre contenu au centre. Le reste de la fenêtre comprend les éléments suivants :

- une barre d'outils que vous pouvez personnaliser en fonction de vos usages.
- un bandeau gauche, amovible, pour naviguer dans le document.

Illustration 19: L'application Aperçu

Géographie de l'application Aperçu avec la barre d'outils, la barre latérale et le contenu.

2.2.2.1 Style de présentation

Vous pouvez personnaliser la présentation du document proprement dit en choisissant comment les pages se présentent :

- Le défilement continu affiche les pages les unes à la suite des autres. Il vous suffit de faire défiler le contenu pour naviguer entre les pages.
- La présentation en page unique restreint le contenu de la fenêtre à une seule page.
- La présentation de deux pages ressemble plus à la lecture d'un livre relié où les pages d'affichent par paire. Ainsi, la première page s'affiche seule, puis les pages 2 et 3 s'affichent respectivement sur la moitié gauche et la moitié droite de la fenêtre.

Illustration 20: Présentation des documents

Les trois différents modes de présentation avec le mode continu, la page seule et les doubles pages.

2.2.2.2 Barre de navigation

Vous pouvez définir le fonctionnement de la barre de navigation en utilisant l'icône de la barre d'outils ou le menu « *présentation* ».

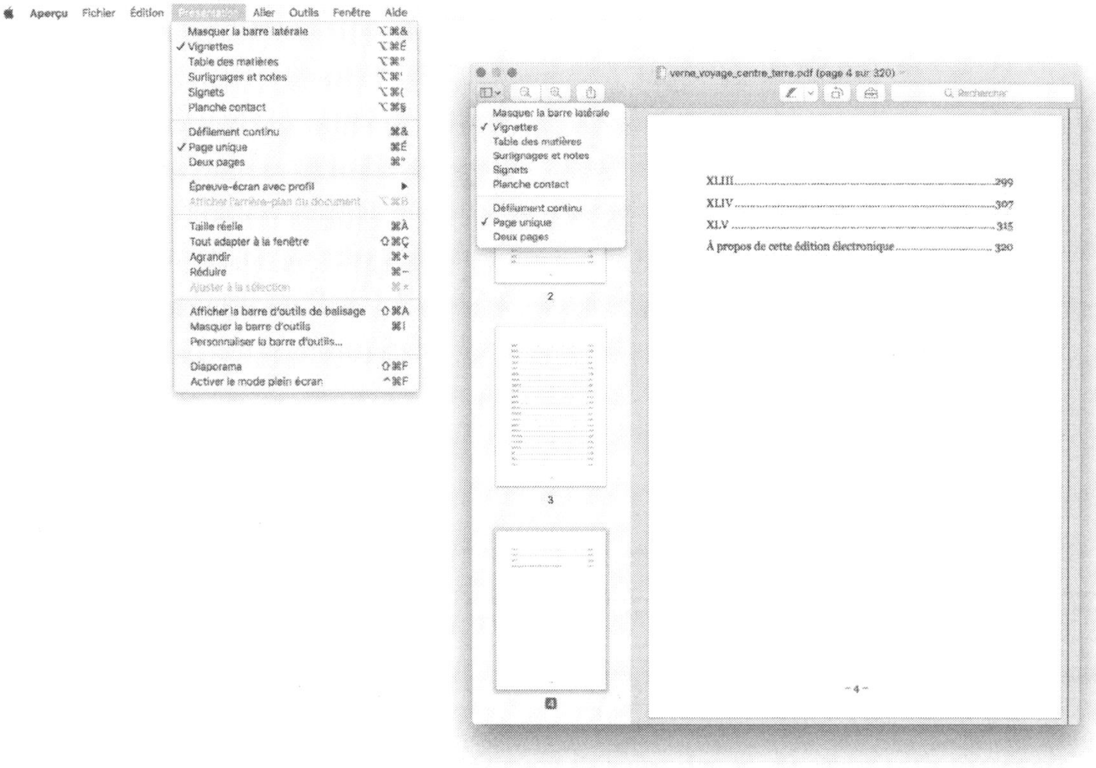

Illustration 21: Barre latérale

Utilisation de la barre latérale dans Aperçu.

Lorsque la barre de navigation est affichée, elle vous permet de visualiser un aperçu du contenu de vos documents :

- les vignettes des pages ;
- la table des matières ;
- les annotations ;

– les signets.

L'affichage des vignettes des pages est un moyen simple de feuilleter le contenu du document et de naviguer rapidement d'une page à l'autre.

Notez que la largeur de la barre étant modifiable, il vous est ainsi possible de faire varier la taille des vignettes.

En activant l'affichage de la table des matières, la barre latérale affichera le plan du document. Cette possibilité ne dépend pas d'Aperçu, mais dépend du document lui-même. Tous les documents PDF ne contiennent pas de table des matières, mais vous pouvez éventuellement en ajouter une si vous avez les bons outils.

Astuce : Reportez-vous à la section parlant de l'application PDFPen pour voir comment l'utiliser pour ajouter un sommaire à un document.

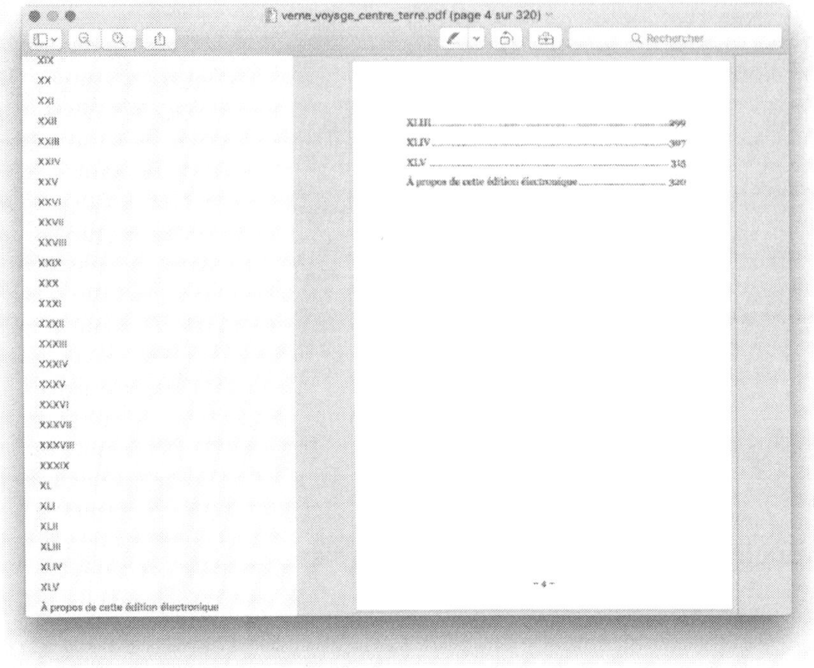

Illustration 22: Plan d'un PDF dans Aperçu

La table des matières dans Aperçu s'affiche dans la barre latérale.

Nous verrons comment utiliser Aperçu pour annoter des documents. Ces annotations prennent la forme de surlignages ou de commentaires écrits.

Vous pouvez afficher toutes les annotations du document pour rapidement naviguer entre elles.

Nous verrons comment créer des annotations dans la section suivante.

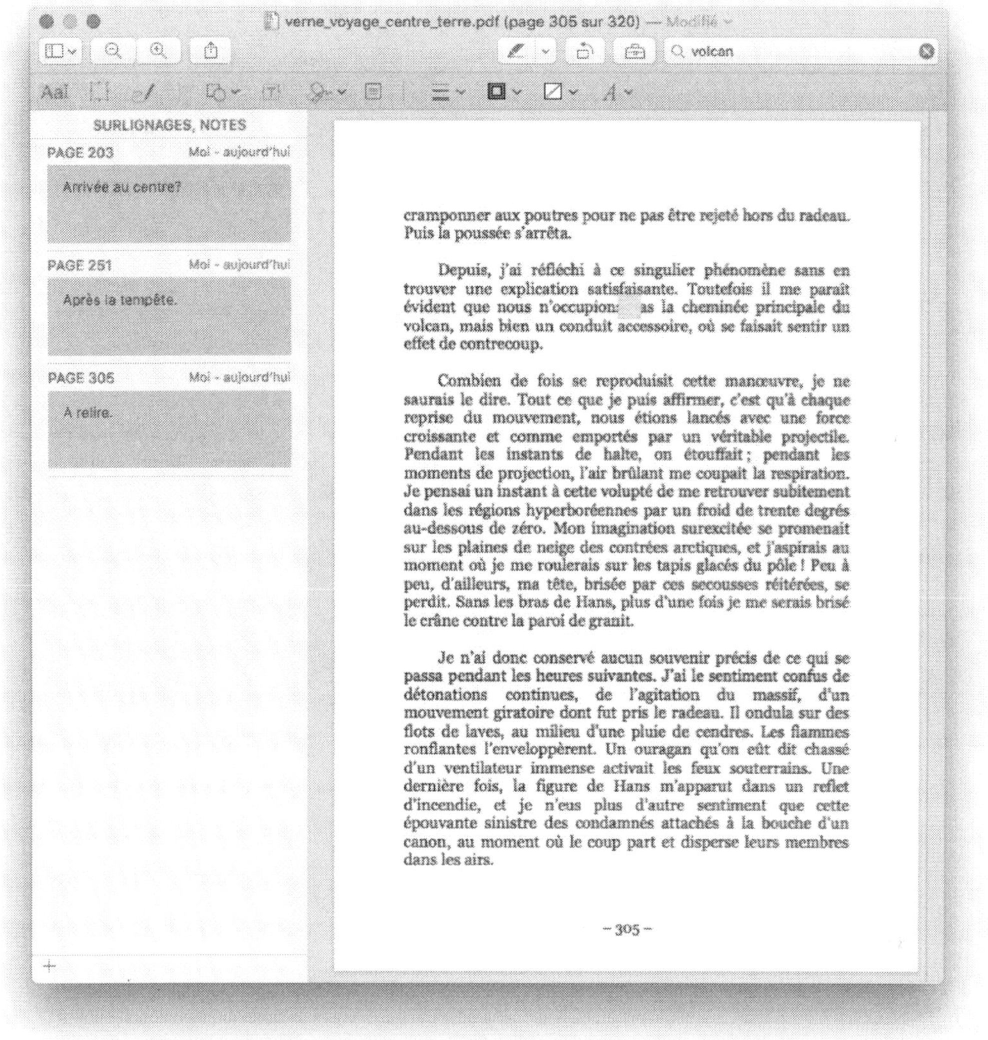

Illustration 23: Annotations dans Aperçu

Les annotation et commentaires affichés dans le bandeau latéral de gauche.

À la place des annotations, vous pouvez également placer des signets dans vos documents. Ces marques pages virtuels sont très utiles pour retrouver rapidement un passage précis. Nous verrons dans la section suivante comment ajouter des marques-pages.

La barre de navigation est un moyen pour naviguer entre les différents marques-pages apposés dans le document.

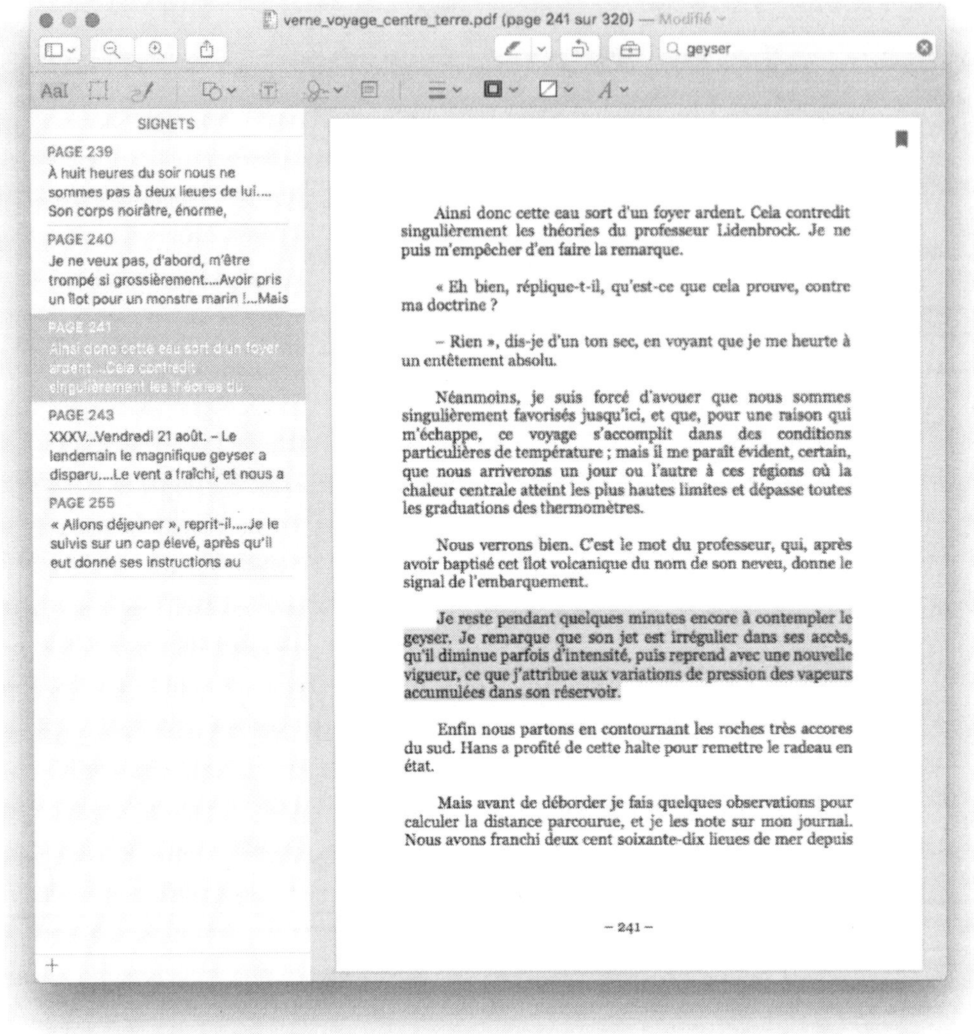

Illustration 24: Affichage et navigation dans les signets d'un PDF

Dans Aperçu, affichez et naviguez dans vos signets d'un PDF.

Enfin, la barre de navigation peut complètement remplir la fenêtre du document pour ne présenter que les vignettes des pages. Cette vue « *planche contact* » est utile pour les documents de grande taille.

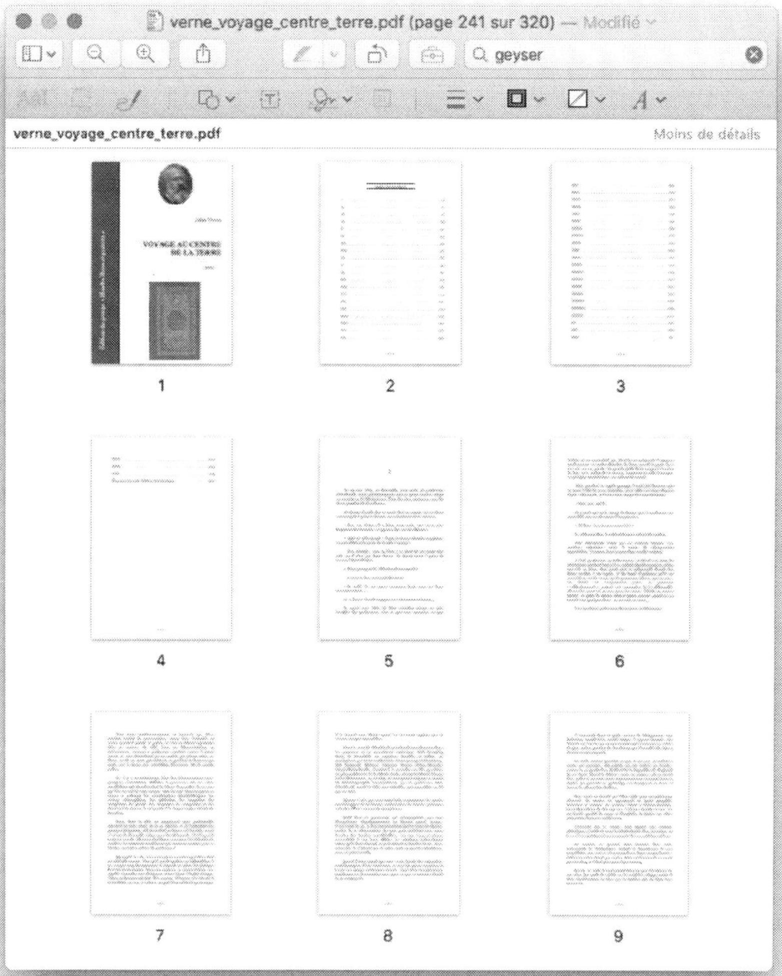

Illustration 25: Planche contact d'un PDF

La vue contact limite l'affichage aux seules vignettes des pages et permet de réaliser une recherche visuelle rapide et de naviguer sur une page précise.

Dans cette vue il est possible de modifier la taille des vignettes en utilisant le zoom (**commande** avec touches **+** et **-**) ou le pincer/écarter sur un trackpad.

2.2.3 Naviguer dans les pages

Vous pouvez passer d'une page à la suivante en utilisant la touche « **page suivante** » (« ⇟ ») ou la combinaison **fn + ▼**.

De même, vous pouvez passer d'une page à la précédente en utilisant la touche « **page précédente** » (« ⇞ ») ou la combinaison **fn + ▲**.

Vous pouvez également personnaliser la barre d'outils d'*Aperçu* pour y ajouter les boutons « *page précédente* » et « *page suivante* ».

Illustration 26: Barre des outils

La barre des outils par défaut dans Aperçu. Pensez qu'avec un **clic-secondaire** il est possible de personnaliser les actions disponibles.

Une dernière possibilité est d'aller directement sur un numéro de page précis. Pour cela il faut utiliser le menu « *aller / aller à la page...* » (⌥ **+** ⌘ **+ G**).

Cette action présente une feuille de dialogue pour y renseigner le numéro de page vers lequel on veut aller. Après validation, la page est affichée.

L'accès direct à une page peut être ajouté également sous la forme d'un simple champ texte dans la barre d'outils d'Aperçu. Il vous suffit de personnaliser celle-ci pour y ajouter l'élément « *page* ».

2.2.4 Rechercher du texte dans un document

Un PDF est un format composite de document. Il peut contenir des images, mais aussi et surtout du texte.

Dans ce cas, il est alors possible de rechercher dans ce texte.

> **Note** : lorsque vous numérisez un document le PDF produit est normalement une simple série d'images. Le texte lui-même n'est pas utilisable. Il est alors nécessaire d'utiliser un logiciel de reconnaissance de caractères pour transformer les points qui forment l'image en un texte compréhensible. Ceci sera plus largement détaillé dans le chapitre 4.

Pour utiliser la fonction de recherche, vous avez deux moyens à votre disposition :

- le menu « *édition / rechercher / rechercher...* » (⌘ + **F**) ;
- le champ de recherche placé dans la barre d'outils.

La recherche se fait automatiquement dès que vous aurez saisi un ou plusieurs mots.

L'organisation d'Aperçu se modifie alors pour mieux présenter les résultats de la recherche :

- une barre d'informations, sur l'état et le contrôle de la recherche, s'affiche immédiatement sous la barre d'outils. Dans cette barre, vous pouvez modifier l'ordre de présentation des résultats en utilisant soit la pertinence, soit l'ordre naturel des pages. Cette barre affiche également le nombre de résultats ainsi des flèches pour passer de l'un à l'autre.

– la barre latérale gauche est affichée pour lister l'ensemble des résultats dans le document.

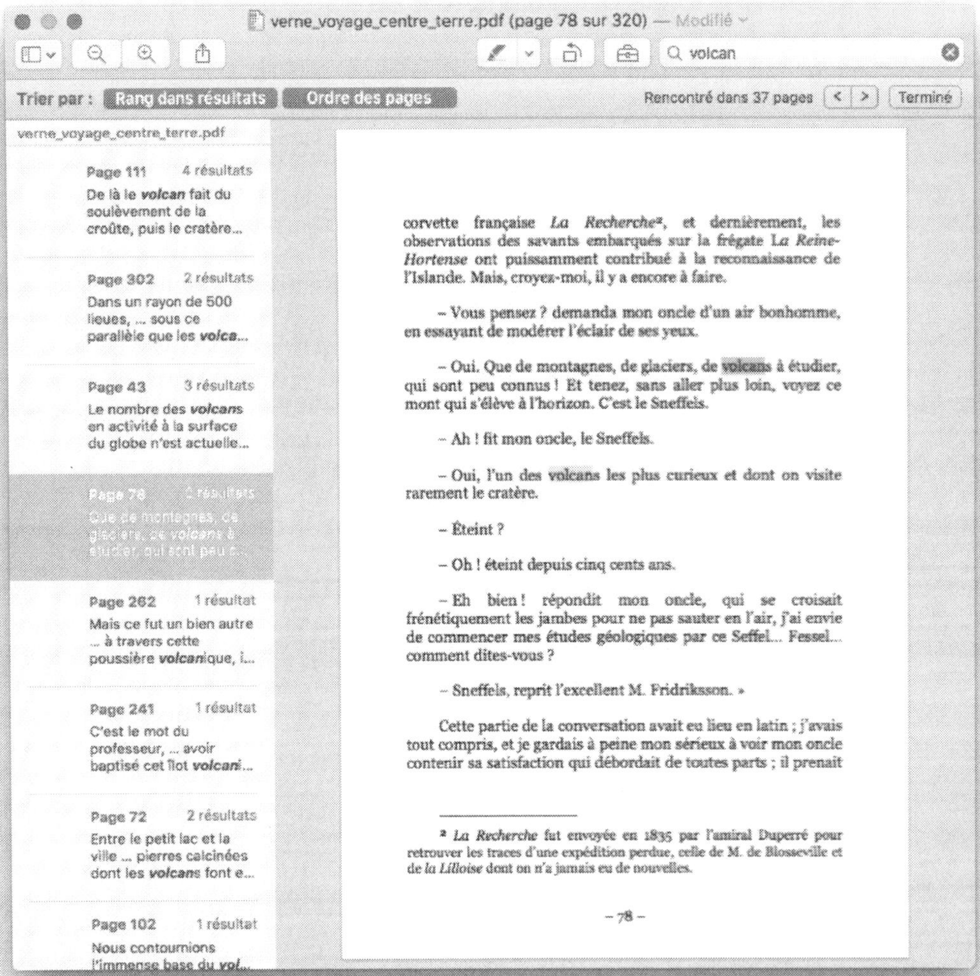

Illustration 27: Recherche dans un PDF

Aperçu affiche les résultats d'une recherche dans un dans le bandeau latéral. Un bandeau horizontal supplémentaire permet de naviguer entre chaque résultats et de définir l'ordre d'affichage.

2.2.5 Copier des morceaux de document comme image

Pour créer une image à partir d'un morceau de page de PDF, vous devez utiliser l'outil de sélection rectangulaire. Deux chemins s'ouvrent à vous :

- Activez la sélection rectangulaire en sélectionnant le menu « *outils / sélection rectangulaire* ».
- Affichez la barre d'outils d'édition et cliquez sur l'outil de sélection qui doit être en seconde position.

Lorsque l'outil de sélection est actif, le pointeur de la souris se transforme en une petite croix.

Pour faire une sélection :

1. placez le pointeur en croix dans un des coins de la zone à sélectionner ;
2. cliquez avec le bouton gauche et maintenez le clic ;
3. faire glisser le pointeur de la souris jusqu'au coin opposé de la zone à sélectionner.
4. vous pouvez maintenant relâcher le clic.

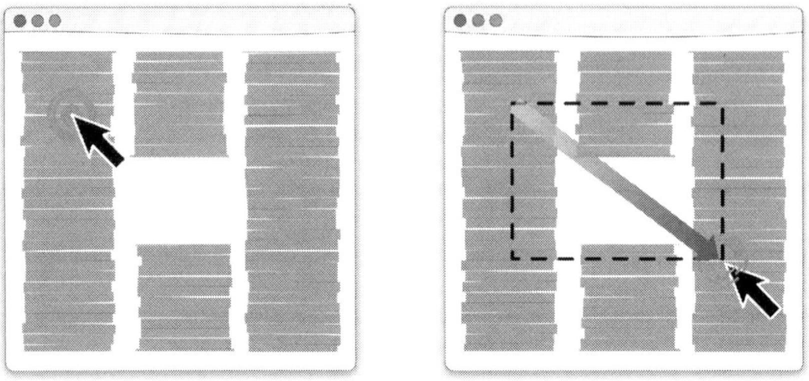

Illustration 28: Fonctionnent de la sélection

Pour faire une sélection, après avoir sélectionné l'outil, cliquez et faites glisser. Lorsque la zone vous convient, relâchez le clic.

La zone sélectionnée est encadrée d'une ligne en pointillés.

Sur le pourtour de la sélection, vous devriez voir huit gros points bleus. Ces points sont des poignées pour modifier la zone sélectionnée.

Si vous placez le pointeur de la souris sur un de ces points, il changera de forme pour indiquer le type de modification que vous pouvez appliquer :

- sur les coins, vous pouvez faire glisser la poignée pour agrandir ou réduire deux côtés simultanément.
- sur les poignées placées au centre de chaque côté, vous pouvez faire glisser la totalité du segment.

Il vous est également possible de déplacer la zone sélectionnée, sans en modifier la taille, en plaçant le pointeur à l'intérieur de la zone :

1. Placez le pointeur à l'intérieur de la sélection. Il prend alors la forme d'une main ouverte.

2. Cliquer sur le bouton gauche sans relâcher la pression. Le curseur en forme main ouverte change pour devenir une main fermée qui attrape la sélection.
3. Déplacer le pointeur de la souris et la zone sélectionnée suivra la main.
4. Lorsque la zone est bien placée, vous pourrez relâcher votre clic.

Définir une zone rectangulaire dans un document n'est bien évidemment qu'une première étape. Une fois que vous avez défini une zone, son contenu peut être copié dans le presse-papier :

1. Avec une sélection rectangulaire active dans votre document ;
2. sélectionnez le menu « *édition / copier* » (⌘ + **C**)
3. l'image du contenu de la sélection est placée dans le presse-papiers du Mac.

Il sera alors possible de la coller dans un nouveau document ou dans une autre application :

- Dans Aperçu, créez un document à partir du presse-papiers avec sélectionnant le menu « *fichier / créer à partir du presse-papiers* » (⌘ + **N**).
- Dans une autre application, coller simplement le contenu du presse-papiers en sélectionnant le menu « *édition / coller* » (⌘ + **V**).

> **Note** : Une sélection rectangulaire peut aussi être utilisée pour une opération de rognage de la feuille. L'opération de rognage est mieux décrite dans la section suivante.

2.2.6 Copier le texte d'un PDF

Pour sélectionner du texte dans un document PDF, vous devez utiliser l'outil de sélection de texte. Cet outil est accessible de deux façons :

- Activez la sélection rectangulaire en sélectionnant le menu « *outils / sélection de texte* ».
- Affichez la barre d'outils d'édition et cliquez sur l'outil de sélection de texte. C'est la première icône : un rectangle en pointillés.

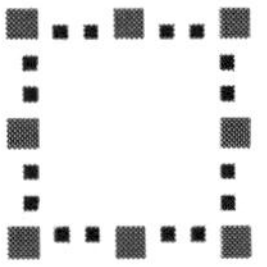

L'outil de sélection rectangulaire

La barre des outils propose, en seconde position, un outil de sélection rectangulaire.

Lorsque l'outil de sélection est actif, le pointeur de la souris se transforme en une barre de curseur de texte.

Le curseur de sélection de texte

Le pointeur de la souris devient un curseur de texte lorsque l'outil de sélection de texte est actif.

2.2.6.1 Une sélection simple

Pour faire une sélection :

1. placez le pointeur au début de la zone de texte ;
2. cliquez avec le bouton gauche et maintenez le clic ;
3. faites glisser le pointeur de la souris jusqu'à la fin du texte à sélectionner. La sélection de texte s'affiche avec un surlignage de couleur (normalement bleu).
4. vous pouvez maintenant relâcher le clic.

2.2.6.2 Augmenter une sélection

Il est aussi possible d'ajouter, dans certaines limites, du texte à votre sélection. Par exemple, si vous avez sélectionné un paragraphe et que vous voulez aussi sélectionner le paragraphe précédent, vous avez le moyen d'augmenter la sélection en utilisant la touche majuscule :

1. appuyez sur une touche **majuscule** (⇧)
2. cliquer au nouveau début de la sélection, ou à la fin de la celle-ci.
3. Le texte placé entre votre clic et la sélection précédente est ajouté à la sélection.

2.2.6.3 Sélection en colonne

Si vous manipulez des documents qui comprennent des mises en page en colonne ou des tableaux, sachez qu'il vous est également possible de faire une sélection à la verticale.

Pour cela il suffit de faire comme pour une sélection simple, mais en maintenant la touche **option** (⌥) pressée.

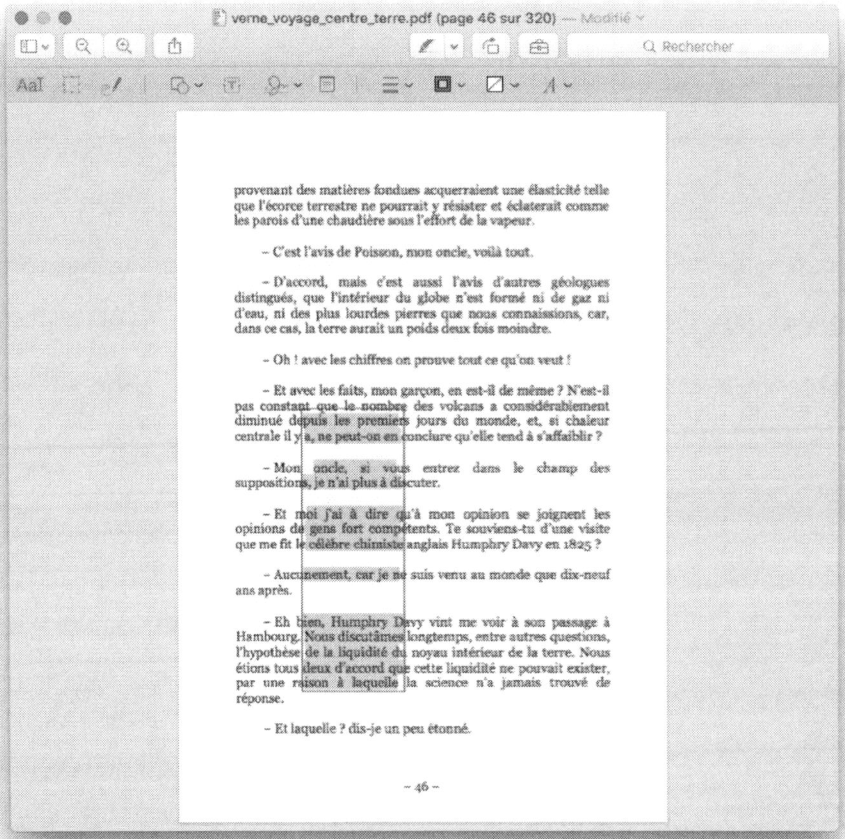

Illustration 29: Sélection verticale dans Aperçu.

La touche **option** (⌥) permet souvent de modifier légèrement le comportement d'une action sur Mac. Pour la sélection de texte dans Aperçu, cela permet une sélection verticale.

2.2.7 Utiliser la loupe d'Aperçu

L'application Aperçu intègre une fonctionnalité intéressante qui peut servir pour examiner les détails d'un document ou d'une image. Cette fonction est tout simplement une loupe virtuelle.

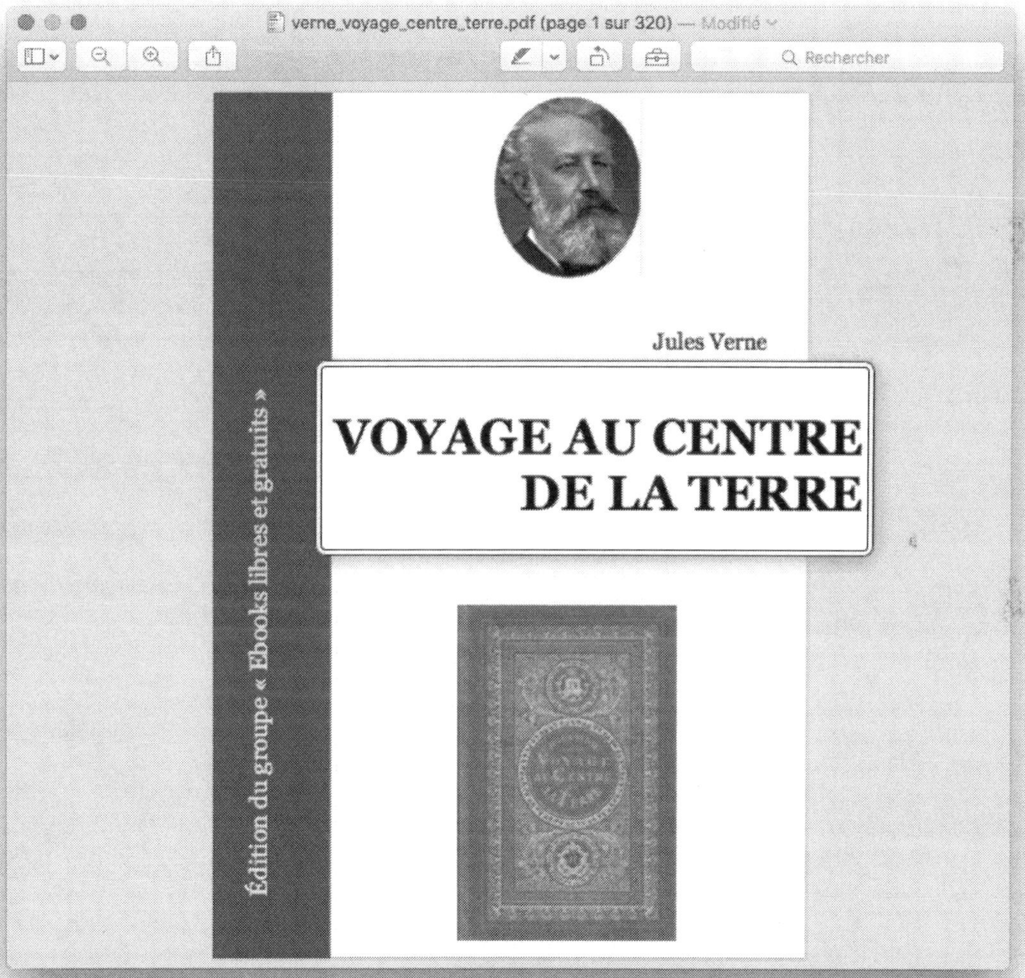

Illustration 30: La loupe interactive

Lire les petites caractères n'est pas un soucis avec la loupe *d'*Aperçu.

Pour activer la loupe il faut aller dans le menu « *outils / afficher la loupe* ».

La loupe suit le curseur de la souris et présente une vue agrandie du contenu de la page.

Il est possible de modifier le niveau de grossissement en utilisant votre pavé tactile avec les gestes pincer pour réduire, et écarter pour agrandir.

> **Note** : la molette d'une souris permet de faire défiler les pages. Elle n'est pas utilisable pour ajuster le grossissement de la loupe.

2.2.8 Enregistrer avec un mot de passe

Vous pouvez protéger un document PDF avec un mot de passe.

Lorsque cette protection est activée, la fonction *Coup d'œil* est dans un mode dégradé. Ceci concerne à la fois l'outil de visualisation et les aperçus dans les icônes de documents.

Illustration 31: Icône de PDF chiffré

Même en utilisant un aperçu pour les icônes, avec les PDF chiffré le contenu reste caché.

Lorsque les aperçus sont actifs pour les icônes, un document protégé aura une icône générique avec un cadenas noir en son centre.

En ce qui concerne la visualisation « Coup d'œil » elle requiert la saisie du mot de passe pour pouvoir afficher le contenu du document.

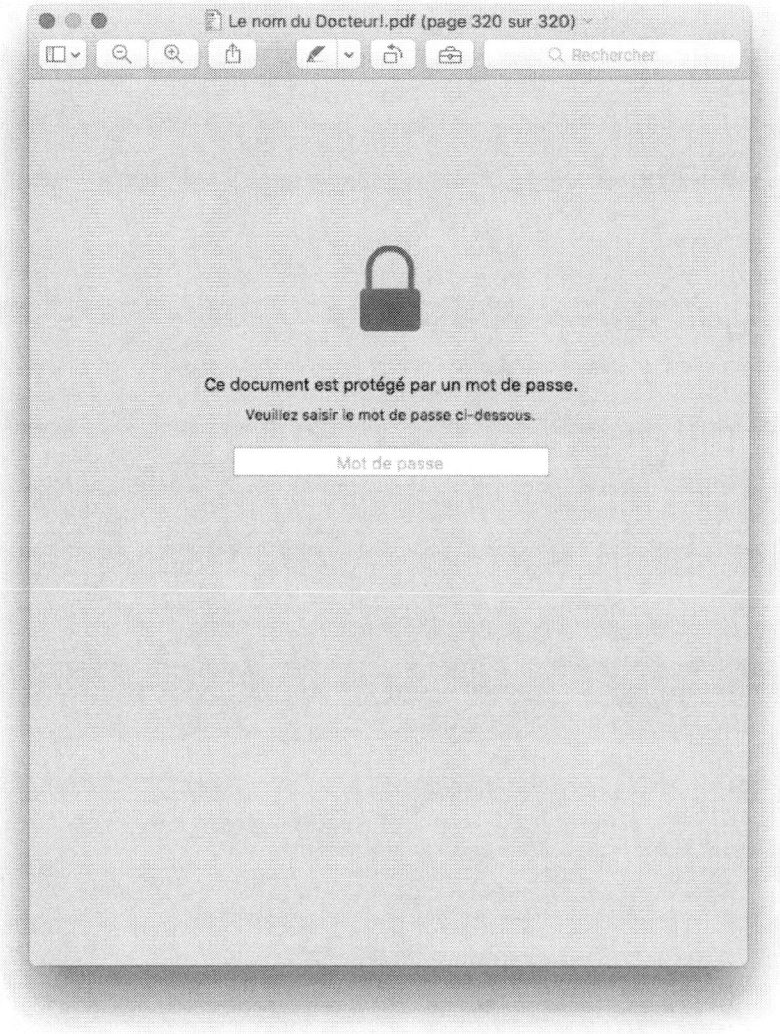

Illustration 32: Ouverture d'un PDF chiffré

Lorsqu'on essaye d'ouvrir un PDF chiffré il reste caché derrière les rideaux tant que vous ne donnez pas le bon mot de passe.

Tout ceci est bien pratique, mais comment pouvez-vous ajouter un mot de passe pour bloquer l'accès à un PDF ?

La manipulation est très simple et se fait en quelques étapes :

1. ouvrez un PDF dans Aperçu ;
2. sélectionnez le menu « *fichier / exporter...* » ;

3. naviguez dans le dossier de destination pour le nouveau PDF ;
4. sélectionnez le format PDF ;
5. cocher l'option « *chiffrer* », ce qui fait apparaitre deux champs pour saisir le mot de passe ;
6. entrez le même mot de passe dans chacun des champs « *mot de passe* » et « *confirmer* » ;
7. Vous pouvez maintenant confirmer l'enregistrement en cliquant sur le bouton « *enregistrer* ». Notez que le bouton sera grisé si les mots de passe saisis dans l'étape précédente sont différents.

Un *nouveau* fichier sera enregistré à l'emplacement indiqué.

L'original reste en place, sans aucun chiffrement.

Si ce document est particulièrement sensible, pensez également à supprimer l'original qui n'est pas chiffré.

Astuce : Je vous conseille également de noter le mot de passe du document dans une note sécurisée en utilisant l'application Trousseau d'Accès. En effet, contrairement à Safari avec les sites internet, Aperçu ne permet pas d'enregistrer le mot de passe d'un document dans votre trousseau.

2.3 Un Aperçu qui sait aussi modifier vos PDF

Dans le chapitre précédent, nous avons vu comment utiliser les fonctions de consultations dans l'application Aperçu.

Nous allons maintenant voir comment utiliser Aperçu *pour annoter et modifier vos PDF. Autant dire que si vous pensiez devoir investir dans une solution payante pour travailler avec le PDF, vous allez faire quelques économies.*

Aperçu propose une large gamme d'outils pour manipuler vos documents PDF, et vous allez découvrir comment :

- réorganiser un document, assembler plusieurs PDF ou en créer de nouveaux ;
- annoter un PDF pendant une relecture ;
- dessiner dans les pages ;
- utiliser un scanneur[7] pour numériser des documents papier.

Attention : la modification d'un document modifie directement le fichier. Si vous souhaitez conserver le document d'origine, pensez à en faire une copie avant de faire les modifications.

2.3.1 Déplacer une page

L'une des modifications les plus simples sur un PDF consiste à réordonner les pages.

Il m'arrive assez souvent de numériser des liasses de papiers. La plupart du temps je fais un effort particulier pour en correctement ordonner les pages. Cependant, il m'arrive de me tromper. Je peux aussi avoir à repasser une page dans le scanneur si la feuille a mal été numérisée.

Bref, il faut remettre un peu d'ordre et réorganiser les feuillets.

7. Vous connaissez peut-être le mot *scanner* qui est un anglicisme. Scanneur est une francisation possible et bien plus agréable, à mon goût, que la locution « numériseur à balayage ». J'en resterais donc, autant que possible, à scanneur.

Vous pouvez ranger vos pages de deux façons différentes :

- en utilisant la barre latérale avec l'affichage des vignettes ;
- en utilisant la vue « *planche contact* » qui présente toutes les pages étalées sur le bureau imaginaire de votre écran.

Quel que soit votre choix, le fonctionnement est toujours le même :

1. vous sélectionnez la page à déplacer ;
2. vous la saisissez d'un clic maintenu avec la souris ;
3. vous la faites glisser à la nouvelle position.

Illustration 33: Déplacer une page

Après avoir sélectionné des pages pour pouvez les déplacer dans le document d'un simple glissé-déposé dans la barre latérale ou la vue planche-contact.

Vous pourriez ainsi réorganiser patiemment page par page tout votre document. Cependant, si vous avez besoin de manipuler plusieurs pages, sachez qu'il vous est possible d'en sélectionner autant que vous voulez.

Si vous souhaitez déplacer une série continue de pages :

1. sélectionnez la première de la série ;

2. allez sur la vignette de la dernière à sélectionner
3. appuyez sur une touche **majuscule** (⇧) et maintenez-la appuyée
4. cliquez sur la dernière vignette de la série.

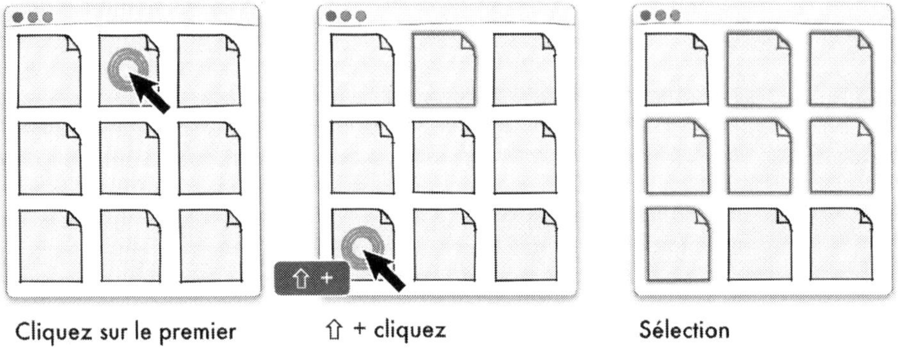

Illustration 34: Sélection d'un intervalle

Si vous avez un grand nombre de pages contiguës à sélectionner, utilisez la sélection d'un intervalle pour gagner du temps.

Les vignettes sélectionnées sont encadrées par une large bordure grise.

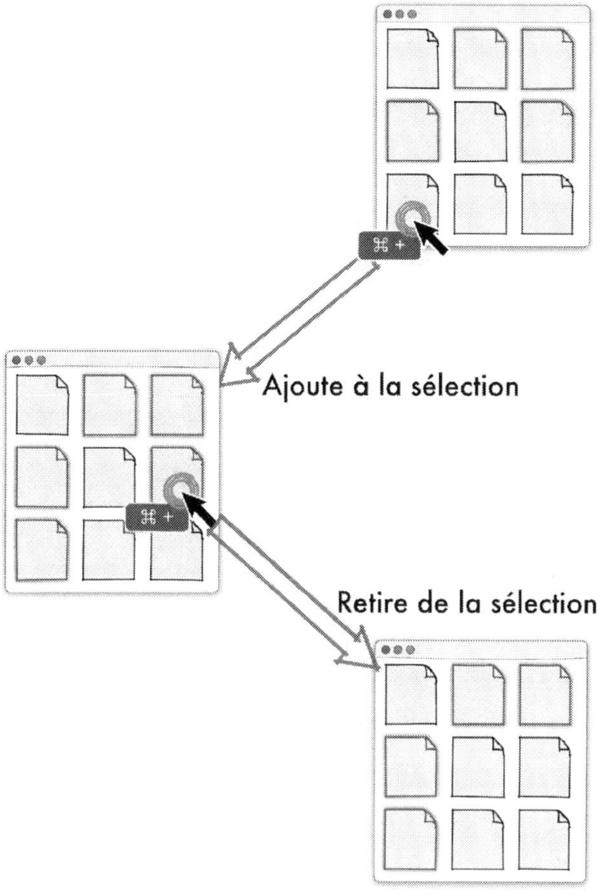

Illustration 35: Sélection à l'unité

En jouant de la touche commande, vous avez un contrôle précis, à l'unité, de votre sélection.

Pour ajouter une page à la sélection, ou l'enlever, il vous suffit de cliquer sur la vignette tout en appuyant sur la touche **commande** (⌘ **+ clic**).

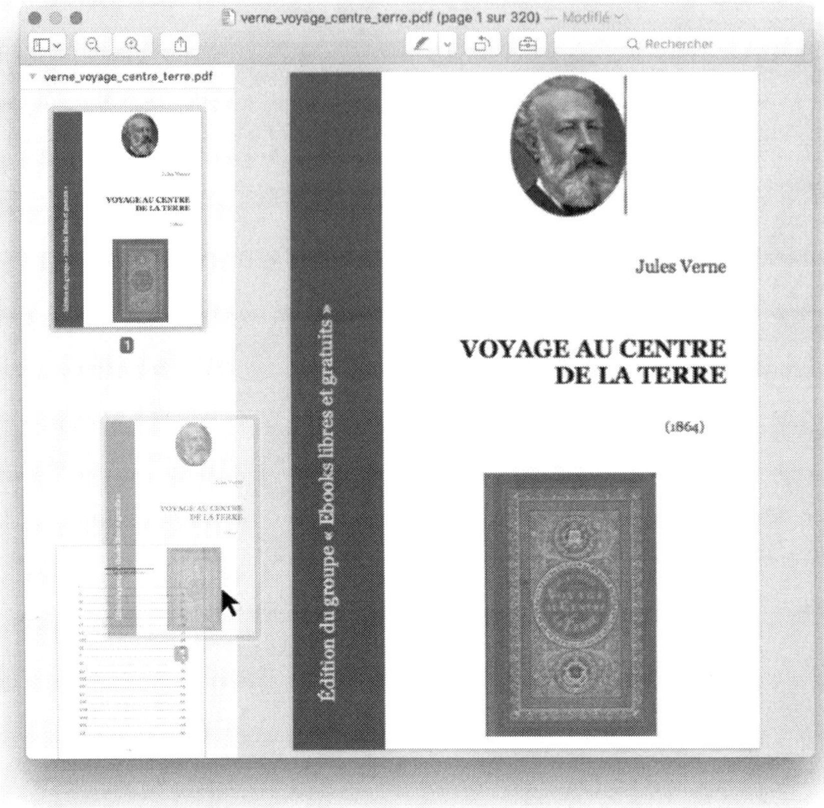

Illustration 36: Déplacer une page

Après avoir sélectionné des pages pour pouvez les déplacer dans le document d'un simple glissé-déposé dans la barre latérale ou la vue planche-contact.

Pour déplacer ces pages, vous devez simplement cliquer sur une des vignettes sélectionnées, puis, tout en maintenant le clic, faites glisser les pages à la nouvelle position, comme dans la copie-écran ci-dessus.

Les pages vont alors s'écarter sous le pointeur de la souris pour laisser la place. Une fois les pages correctement positionnées, vous devez relâcher le clic pour valider leur nouvel emplacement.

2.3.2 Supprimer une page

De la même façon que vous pouvez déplacer une page, il vous est possible de la supprimer. C'est un bon moyen pour enlever les pages blanches dans un document.

La technique pour supprimer une page est exactement la même que celle utilisée pour les déplacer :

1. vous sélectionnez la page, ou les pages, à supprimer ;
2. vous pouvez effacer ces pages en sélectionnant le menu « *édition / supprimer* » ou avec la touche d'effacement (←).

Bien évidemment, vous pouvez supprimer une ou plusieurs pages. Pour cela, il suffit d'appliquer la même méthode de sélection que celle décrite pour le déplacement de pages.

2.3.3 Faire tourner une page

Votre PDF se trouve peut être avec une page qui a la tête à l'envers ? Ou alors, un tableau serait beaucoup plus lisible si la page était orientée à l'horizontale.

Quelque que puisse être votre raison, il est souvent utile de changer l'orientation d'une page. Mais comment s'y prendre ?

Commencez par sélectionner une ou plusieurs pages. Vous pouvez aussi ne pas sélectionner de page, dans ce cas c'est celle qui est affichée qui tournera.

Vous pouvez faire tourner votre page de 90° autant de fois que nécessaire :

- sélectionnez le menu « *outils / rotation à gauche* » (⌘ **+ L**) pour faire tourner dans le sens inverse des aiguilles d'une montre.
- sélectionnez le menu « *outils / rotation à droite* » (⌘ **+ R**) pour faire tourner dans le sens horaire.

Illustration 37: Rotation d'une page

L'outil de rotation permet de faire basculer une page, ou même toute les pages sélectionnées si vous le voulez.

> **Note** : il est toujours possible de revenir en arrière en utilisant l'annulation d'une action avec le menu « *édition / annuler* » (⌘ **+ Z**)

2.3.4 Ajouter une page

Si vous souhaitez insérer une page vide dans un PDF if faut sélection le menu « *édition / insérer / page vierge* ».

Une page blanche sera ajoutée après la page courante.

> **Note** : si vous avez plusieurs pages sélectionnées, la page vide sera ajoutée après la dernière page de la sélection.

Il est aussi possible créer une nouvelle page pour ajouter une image :

1. ouvrez le PDF à modifier ;
2. affichez la vue « *planche contact* » ou les vignettes dans la barre latérale ;
3. dans le Finder, affichez le dossier contenant l'image, ou les images, à ajouter.
4. sélectionnez ces images ;
5. tout en maintenant le clic, faites maintenant glisser les images entre les pages où elles doivent être insérées ;
6. les pages vont s'écarter et Aperçu va ajouter une page pour chaque image.

Je vous parle d'ajouter une image, mais Aperçu peut en réalité insérer n'importe quel type de document dont il peut lire le format. Cela fonctionnera donc pour des images, des PDF voire des documents Photoshop.

2.3.5 Fusionner des documents

Vous pouvez regrouper plusieurs documents dans un seul fichier d'au moins deux façons[8] :

- Insérez directement la totalité du contenu d'un PDF après la page courante.
- Insérez une sélection de pages à partir d'un document d'origine dans le courant.

2.3.5.1 Insérer la totalité d'un document

Commencez par ouvrir le document dans lequel vous souhaitez insérer les pages.

1. allez à la page après laquelle vous souhaitez insérer un autre document ;
2. sélectionnez le menu « *édition / insérer / page de fichier...* » ;
3. une feuille de dialogue apparait pour sélectionner un fichier ;
4. allez chercher le fichier PDF dont vous voulez insérer les pages et validez.

8. Nous verrons également dans le quatrième chapitre comment utiliser Automator pour fusionner des PDF.

Toutes les pages du document sélectionné vont alors être insérées après la page actuellement affichée dans votre document.

Vous pouvez répéter l'opération avec autant de documents que vous le souhaitez.

2.3.5.2 Insérer une sélection de pages

Pour cette opération il faut avoir les deux documents ouverts dans Aperçu :

1. le document cible est celui dans lequel les pages seront ajoutées ;
2. le document d'origine est celui dans lequel nous allons sélectionner des pages pour les insérer dans le premier.

> **Note** : Il est souvent plus simple de travailler dans la vue « *planche contact* », mais la barre latérale avec les vignettes peut être suffisante.

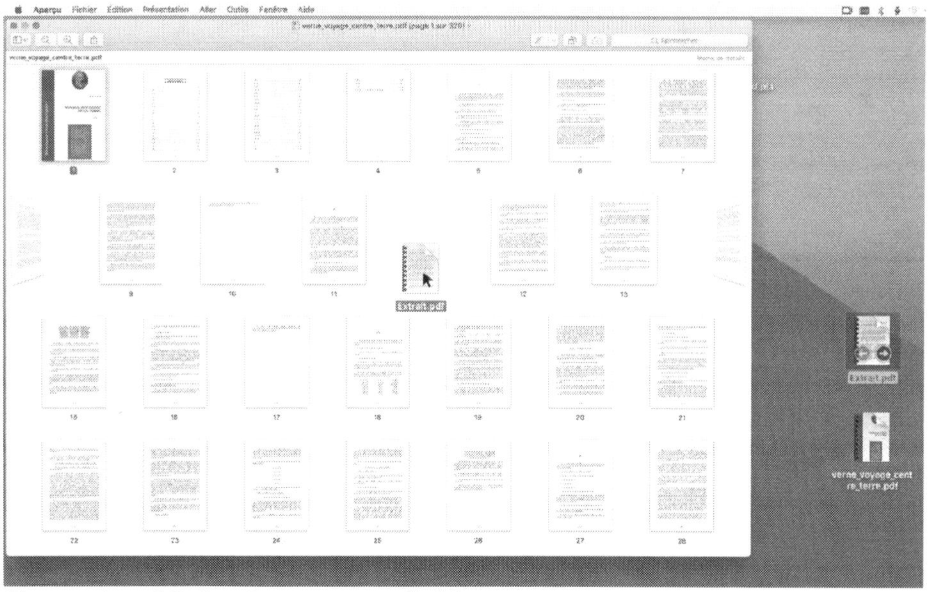

Illustration 38: Insérer tout un fichier

Vous pouvez insérer le contenu d'un PDF dans un autre en faisant glisser l'icône du fichier à la position d'insertion.

Dans le document d'origine, sélectionnez un ensemble de pages. Vous pouvez maintenant les faire glisser dans le document de destination. La méthode reste toujours la même :

1. sélectionnez les pages ;
2. cliquez et maintenez le clic ;
3. faites glisser la souris vers la position de destination ;
4. relâchez le clic.

> **Note** : depuis OS X Lion, Aperçu enregistre automatiquement les modifications. Il est inutile de finaliser en enregistrant le PDF.

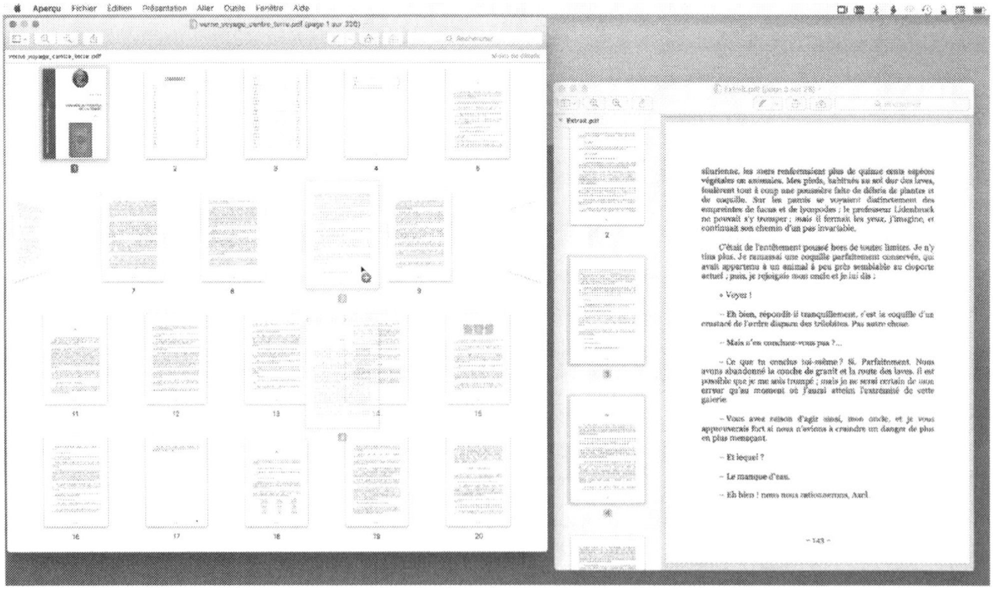

Illustration 39: Insérer une sélection de pages

Pour insérer une sélection de pages à partir d'un autre document PDF, il vous suffit de sélectionner puis faire glisser les pages à la position d'insertion.

2.3.6 Créer un extrait de document PDF

Lorsque vous avez un PDF, il est souvent utile d'en extraire juste une ou plusieurs pages. Vous pourriez dupliquer le PDF original puis supprimer les pages en trop.

Mais il existe une autre solution, directement dans l'application Aperçu :

1. ouvrez votre document d'origine ;
2. affichez la planche contact ou le volet latéral avec les vignettes de pages ;
3. sélectionnez les pages à insérer dans le nouveau document ;
4. sélectionnez le menu « *édition / copier* » (⌘ + **C**) pour placer ces pages dans le presse-papiers ;
5. créez le nouveau document en sélectionnant le menu « *fichier / créer à partir du presse-papiers* » (⌘ + **N**).

Il ne vous reste plus qu'à enregistrer le nouveau PDF pour pouvoir le partager.

> **Note** : Il vous est également possible de déposer la sélection de pages directement sur le bureau de votre Mac. Cela crée automatiquement un nouveau fichier qui ne contiendra que les pages de votre sélection.

2.3.7 Créer un nouveau document

Curieusement Aperçu ne vous permet pas de créer un document vierge.

Il est pourtant relativement simple de créer un nouveau PDF qui ne contienne qu'une seule page blanche.

2.3.7.1 Le chemin de l'artisan

La première solution est de vous créer un document d'une page que vous pourrez copier à loisir.

Pour le fabriquer, il faut ajouter une page blanche dans un document, la copier et enfin créer un nouveau document à partir du presse-papiers.

Cette première solution fonctionnera, mais n'est pas forcément la solution la plus rapide.

2.3.7.2 La voie du robot

Une autre solution est d'automatiser la création d'un PDF d'une page vide en construisant une petite extension du Finder.

Un clic droit dans un dossier et vous pourrez demander à créer directement le fichier à la demande.

Comment procéder ? Je pourrais vous expliquer comment utiliser Automator[9] et fabriquer des processus. Mais l'explication sortirait un peu du cadre de ce livre. Je vous donne cependant rendez-vous dans le chapitre dédié pour plus de détails.

Je vais donc me contenter de vous indiquer de télécharger le processus qui fera le travail. Une fois l'archive téléchargée et décompressée, il vous suffit de l'ouvrir et de suivre les instructions pour l'installer sur votre Mac.

Téléchargez le processus de création de fichiers PDF.

http://www.automatisez.net/?post/2015/10/29/Creer-un-PDF-vide

9. Nous verrons plus en détails comment utiliser Automator dans le chapitre 4.

Pour plus de détails, l'illustration suivante présente le contenu du processus. Si vous voulez construire ce service dans Automator il vous suffit d'assembler les actions présentées dans l'exemple ci-dessous :

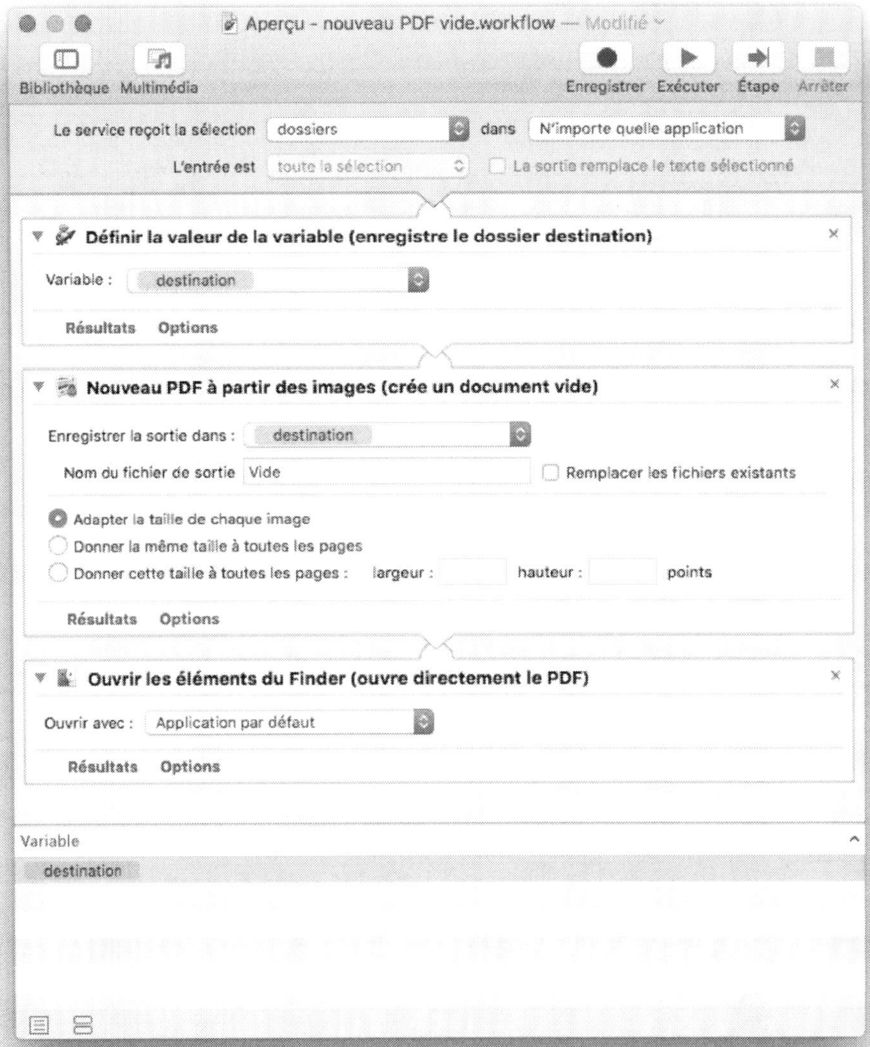

Illustration 40: Processus Automator

Automator peut être utilisé pour créer rapidement un nouveau PDF vide dans un dossier avec ce processus.

Une fois installé, ce service s'utilise comme une extension dans le Finder :

1. sélectionnez le dossier dans lequel créer le fichier ;
2. avec un clic droit, naviguez dans le menu contextuel « *services* » ;
3. sélectionnez l'entrée du processus « *Aperçu - créer un PDF vide* ».

Le nouveau fichier sera ajouté dans le dossier indiqué et automatiquement ouvert.

2.3.8 Surligner, barrer et souligner

Les outils de surlignement sont particulièrement adaptés à la relecture de documents pour identifier des passages particuliers.

Ces outils sont disponibles directement dans la barre des outils. Lorsque vous cliquez sur le bouton d'annotation, la liste des outils s'affiche :

- une liste de surligneurs de couleurs ;
- un outil de soulignement ;
- un outil pour rayer du texte.

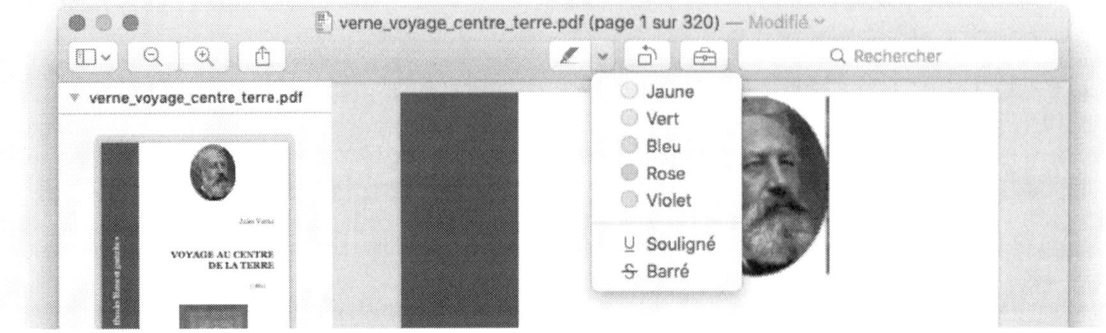

Illustration 41 : Palette des outils de surlignement

La barre d'outils donne accès à la palette des outils de surlignement.

Important : Ces outils ne sont utilisables que si votre document contient vraiment du texte. Une numérisation de document sans OCR ne contient pas de texte et ne peut pas être surlignée.

Pour mettre en valeur une partie de texte, il faut choisir l'outil que vous voulez utiliser en cliquant sur le bouton :

1. Dans la liste des outils, sélectionnez celui que vous voulez utiliser ;
2. L'outil passe du gris au bleu lorsqu'il est actif. Pour un simple coloriage, l'icône reste celle d'un feutre. Pour souligner ou rayer, c'est la représentation de l'outil qui est reprise.

Une fois que l'outil est actif, il vous suffit de sélectionner le texte dans votre document :

1. cliquez au début du texte ;
2. tout en maintenant le clic, faites glisser le pointeur jusqu'à la fin du texte à mettre en avant ;
3. lâchez simplement le clic lorsque vous voulez valider la mise en avant.

Pour enlever la mise en avant, vous pouvez répéter la procédure sur le texte.

Lorsque vous n'avez qu'un seul mot à mettre en avant vous pouvez aussi faire un double clic sur le mot pour l'appliquer, ou l'enlever.

De plus, lorsque votre mise en avant a été validée, il est toujours possible de modifier l'outil de coloriage ou soulignement :

1. positionnez le pointeur de la souris sur le texte mis en avant ;
2. effectuez un clic secondaire pour faire apparaitre le menu de modification ;
3. dans la palette qui apparait, choisissez la nouvelle mise en avant à appliquer.

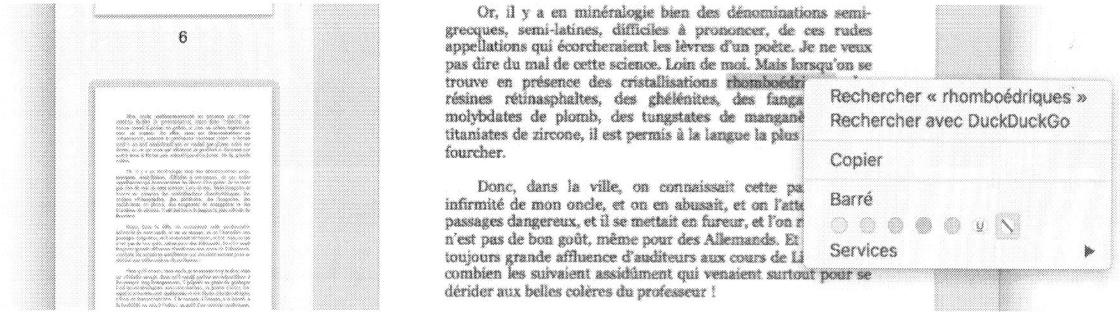

Illustration 42: Surlignement avec le menu contextuel

Le menu contextuel donne un accès rapide aux outils de surlignement.

Notez que dans cette palette vous pouvez aussi retirer la mise en avant en sélectionnant le dernier icône : le cercle barré.

L'outil qui permet de rayer du texte fonctionne différemment : vous pouvez le combiner avec le coloriage ou le soulignement.

Illustration 43: Combinaison des surlignements

Il est possible de surligner du texte mais aussi de combiner certains styles de surlignement.

Le surlignement est une bonne façon d'identifier un passage de document. Mais le plus souvent, si vous relisez un document vous pourriez avoir envie d'ajouter vos propres annotations. C'est ce que nous allons voir dans la section suivante.

2.3.9 Annoter vos documents

Il existe plusieurs façons pour ajouter des annotations dans un document :

1. vous pouvez ajouter une annotation libre avec l'outil dédié ;
2. vous pouvez ajouter une annotation directement sur un texte mis en avant par une couleur, le soulignement ou du texte rayé.

Vous verrez également qu'Aperçu vous permet d'ajouter des images, des schémas et des blocs de texte. Mais tout cela sort un peu du cadre habituel des outils de relecture de document.

2.3.9.1 Attacher une note à du texte surligné

En utilisant l'outil de mise en avant, décrit dans la section précédente, vous aurez peut-être remarqué que le menu contextuel de l'outil vous propose d'ajouter une note.

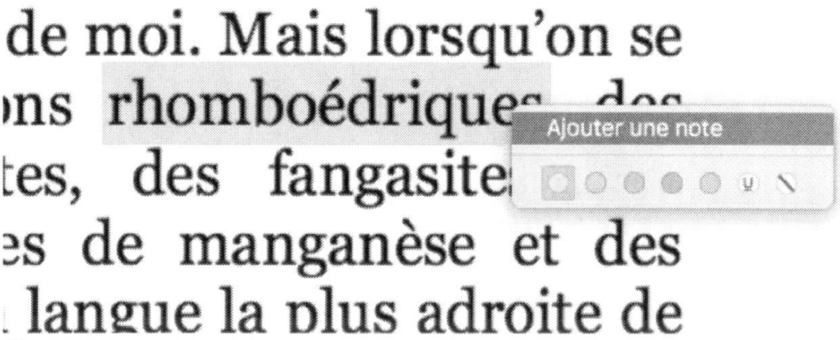

Illustration 44: Menu contextuel pour annoter

Le menu contextuel propose également un raccourci pour ajouter une annotation textuelle sur le document.

Lorsque vous utilisez cette action, une zone de couleur apparait et vous avez la possibilité de saisir du texte dans cette zone. Lorsque vous aurez fini, cliquez ailleurs sur la page pour réduire votre note. Elle n'est alors plus visible que sous la forme d'un petit carré de couleur associé au texte mis en avant.

Illustration 45: Note sur du texte

Lorsque vous créez une notre alors que vous avez du texte sélectionné, celle-ci sera associée au texte. Notez que le texte est également surligné.

2.3.9.2 Ajouter une note de texte libre

Si vous ne voulez pas utiliser de surligneur pour annoter vos PDF, il vous est tout de même possible d'ajouter directement une note libre dans les marges ou n'importe où dans le document.

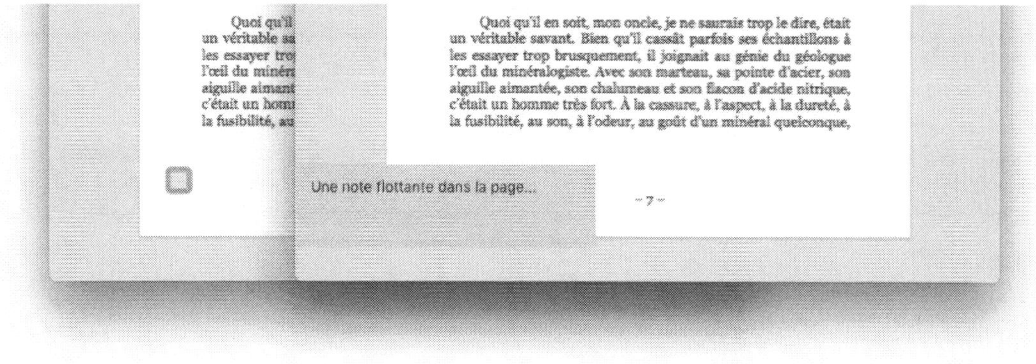

Illustration 46: Note libre

Vous pouvez aussi positionner librement vos notes si vous ne les associez pas directement à une sélection de texte dans le document.

Pour ajouter une note libre :

1. Sélectionnez le menu « *outils / annoter / note* » ;
2. Une zone jaune apparait dans le document ;
3. entrer votre texte dans cette boite jaune ;
4. cliquez à l'extérieur de la zone jaune pour réduire votre note.

Vous pouvez déplacer votre note en déplaçant ce petit carré. Cliquez sur le carré pour faire réapparaitre le texte et éventuellement le modifier.

2.3.10 Recadrer une page

La sélection rectangulaire n'est pas réservée aux fonctions de copier/coller. Elle peut aussi être utilisée pour réaliser une opération de recadrage d'une page dans un document.

Si vous n'êtes pas familiers avec l'outil de sélection rectangulaire, je vous renvoie à la lecture de la section qui s'y rapporte (§2.2.5, p. 71 et §2.2.6, p. 74).

> **Note** : Une opération de rognage réalisée dans Aperçu n'efface pas définitivement le contenu en dehors de la sélection. Il est simplement masqué. Aperçu devrait vous avertir au moins une fois que ce contenu masqué peut éventuellement être visible dans d'autre applications.

Donc pour effectuer une découpe de la page :

1. allez sur la page à recadrer ;
2. sélectionnez une zone rectangulaire avec un cliqué-glissé ;
3. une fois la zone sélectionnée, elle s'affichera entourée d'une bordure en pointillés animés ;
4. sélectionnez maintenant l'outil de rognage dans le menu « *outils / recadrer* » (⌘ + **K**).

Vous trouvez que cette fonction est un peu simple ?

Vous pouvez en faire un peu plus en réalisant la même opération sur plusieurs pages simultanément :

1. affichez les vignettes de pages dans la barre latérale ;
2. sélectionnez les vignettes des différentes pages sur lesquelles effectuer le recadrage ;
3. la dernière page de la sélection va s'afficher dans la zone de document ;
4. faite la sélection rectangulaire dans la page ;
5. finalisez en sélectionnez l'outil de rognage dans le menu « *outils / recadrer* » (⌘ + **K**).
6. le rognage est effectif sur toutes les pages sélectionnées.

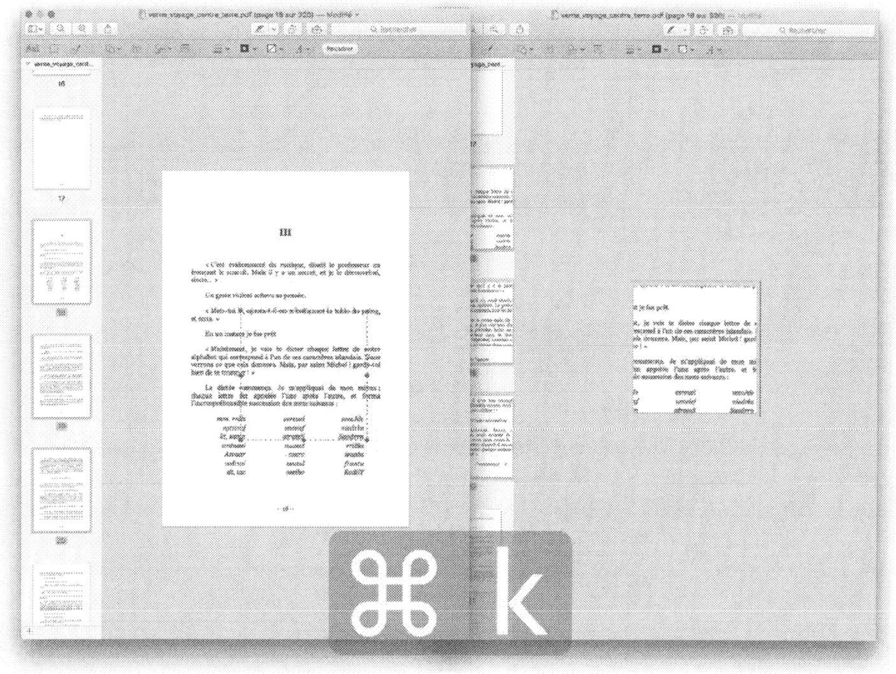

Illustration 47: Outil de rognage

Vous pouvez jouer du massicot en utilisant l'outil rognage. L'outil est également disponible avec un raccourci clavier.

Notez bien qu'un rognage sur plusieurs pages nécessite que leur contenu soit bien aligné. Sinon vous aurez des soucis de coupe.

2.3.11 Ajouter un effet loupe

C'est un effet un peu original que je vous propose d'utiliser pour annoter vos documents, ou plus simplement pour mettre en avant une partie particulière d'une page.

Il s'agit d'utiliser une loupe. Je ne parle pas de la loupe d'*Aperçu* pour vous aider à lire les petits détails d'un document. Mais bien de l'ajout d'un effet visuel dans vos pages.

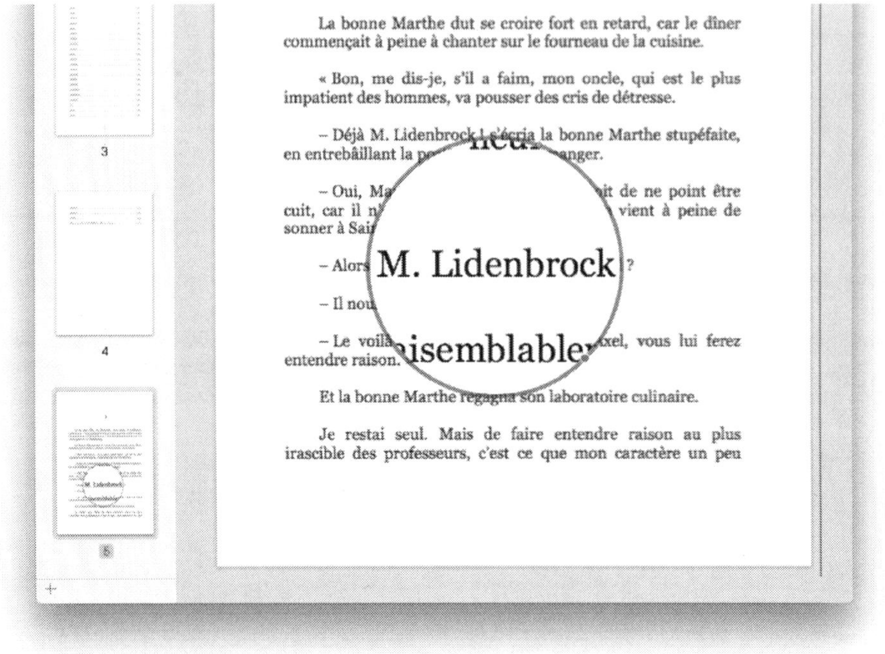

Illustration 48: Donnez un coup de zoom

Vous pouvez donner un coup de zoom à vos annotation de document en insérant une loupe dans le document.

Pour ajouter une loupe dans la page, il faut sélectionner le menu « *outils / annoter / loupe* » (**ctrl + ⌘ + L**).

La loupe sera automatiquement insérée dans la page sous la forme d'un cercle. Ce cercle dispose de deux poignées :

- la poignée bleue permet de réduire ou agrandir le diamètre du cercle de la loupe ;
- la poignée verte permet d'ajuster le niveau de grossissement.

2.3.12 Insérer une signature

La signature de document intégrée à *Aperçu* était parmi les quelques fonctions mises en avant pour la sortie d'OS X 10.10 Yosemite.

L'idée est de faciliter l'insertion d'une signature manuscrite :

- soit en utilisant une signature faite sur un papier et en la numérisant avec la caméra[10] ;
- soit en utilisant le pavé tactile comme une feuille de papier virtuelle pour signer.

Pour ajouter une signature, vous devez commencer par une étape de création pour ensuite l'ajouter à votre bibliothèque de signatures :

1. sélectionnez le menu « *outils / annoter / signature / gérer les signatures...* » ;
2. la barre des outils d'édition va alors s'afficher et présenter une palette de création de signatures ;
3. vous pouvez choisir entre trackpad, et appareil photo.

10. Sur un portable ou un iMac cela utilise la caméra frontale de FaceTime.

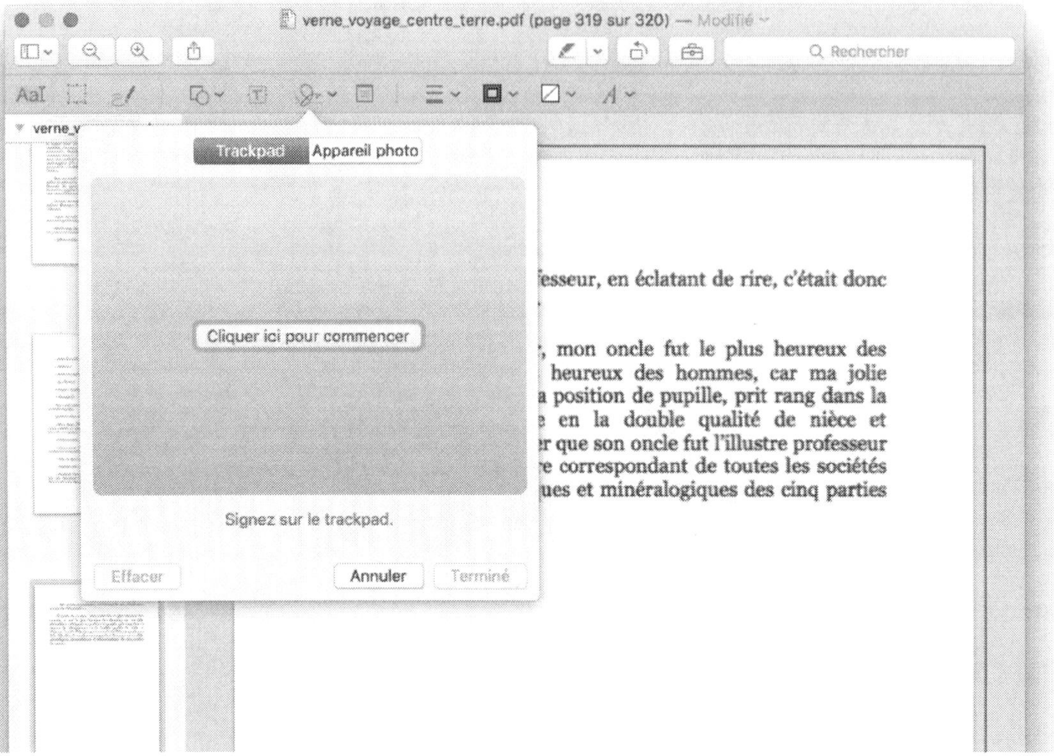

Illustration 49: Ajoutez une signature

Vous pouvez utiliser votre pavé tactile pour créer une signature.

Pour ajouter une signature en la dessinant directement sur le pavé tactile, choisissez l'onglet trackpad :

1. cliquez sur le bouton central pour lancer la procédure ;
2. dessinez votre signature sur la petite feuille représentée par le trackpad ;
3. pressez une touche pour finaliser la signature ;
4. il ne vous plus qu'à valider avec le bouton « *terminer* », alors que le bouton « *annuler* » permet de recommencer la procédure ;
5. après validation, la nouvelle signature est ajoutée à la bibliothèque et pourra être réutilisée à volonté.

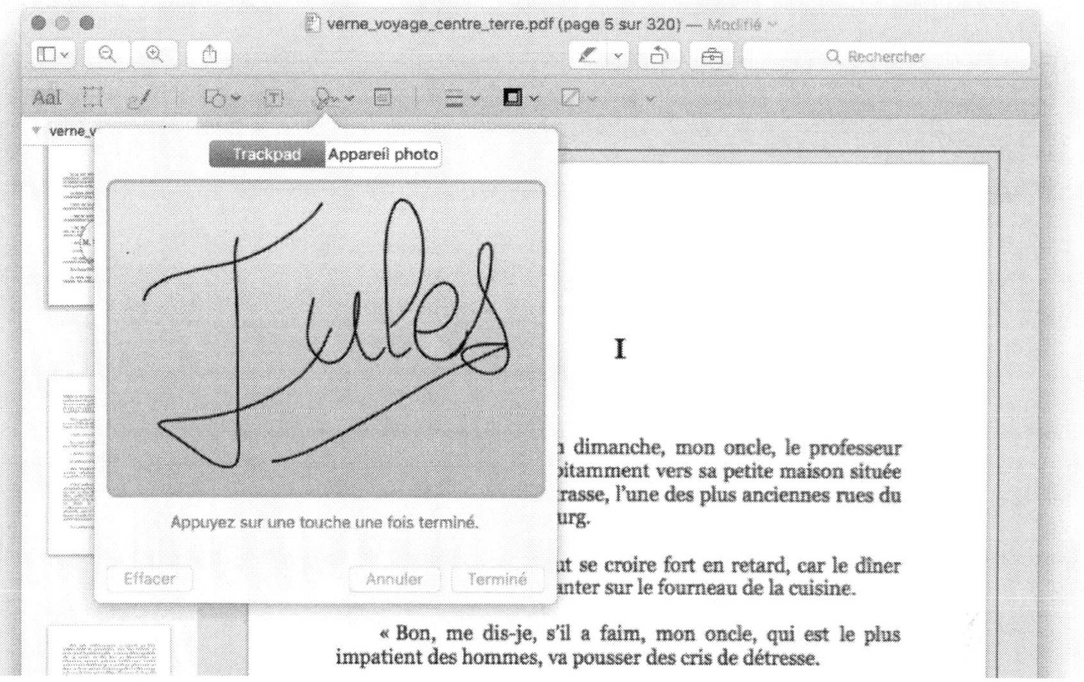

Illustration 50: Une signature pour vos documents

Il vous suffit d'utiliser votre pavé tactile pour signer. *Aperçu* s'occupera de conserver cette image pour l'insérer à votre demande dans les documents.

Dès que vous aurez défini au moins une signature, la palette de gestion affichera une vignette de chaque signature enregistrée :

1. en passant le pointeur de la souris sur une vignette, une croix s'affichera pour supprimer la sélection ;
2. en bas de la liste, un bouton « *créer une signature* » permet d'en ajouter une nouvelle.

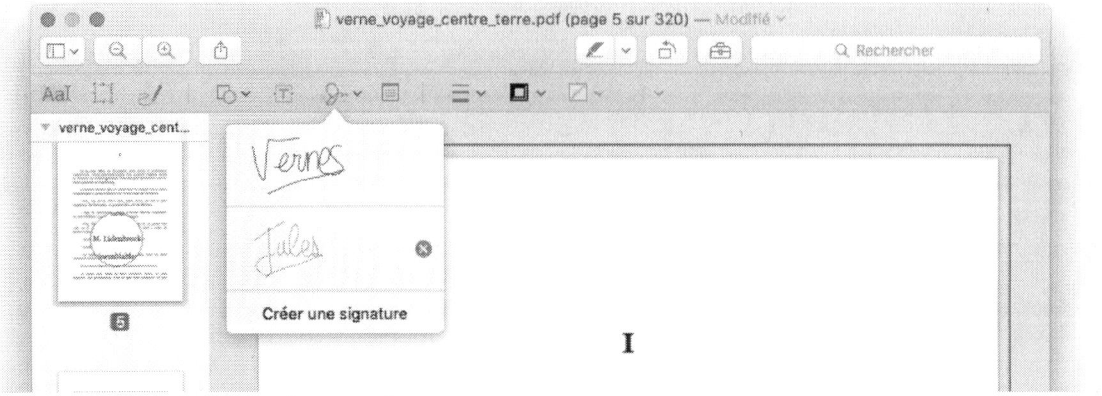

Illustration 51: La liste de vos signatures

Aperçu vous permet de gérer plusieurs signatures. Idéal pour conserver une signature et un simple paraphe. Ou toute autre annotation manuscrite standard.

Si, comme moi, vous n'arrivez pas vraiment signer sur le pavé tactile il vous reste une alternative : utiliser la caméra intégrée de votre ordinateur.

Cette méthode consiste à utiliser une signature manuscrite. Elle sera alors numérisée en utilisant la caméra de façade du Mac. L'image de votre signature sera analysée et transformée en une image vectorielle[11]. Sur l'écran de création de signatures, sélectionnez l'onglet « *caméra* » :

1. présentez votre signature sur papier blanc face à la caméra ;
2. lorsque la signature est reconnue, elle s'affiche dans la fenêtre ;
3. cliquez sur le bouton « *terminer* » pour créer une nouvelle signature ou le bouton « *annuler* » pour recommencer.

11. L'ordinateur essaye de retrouver les traits qui compose le dessin plutôt que garder la simple grille de points noirs et blancs. Cela permet de changer la taille de la signature sans effet de dégradation.

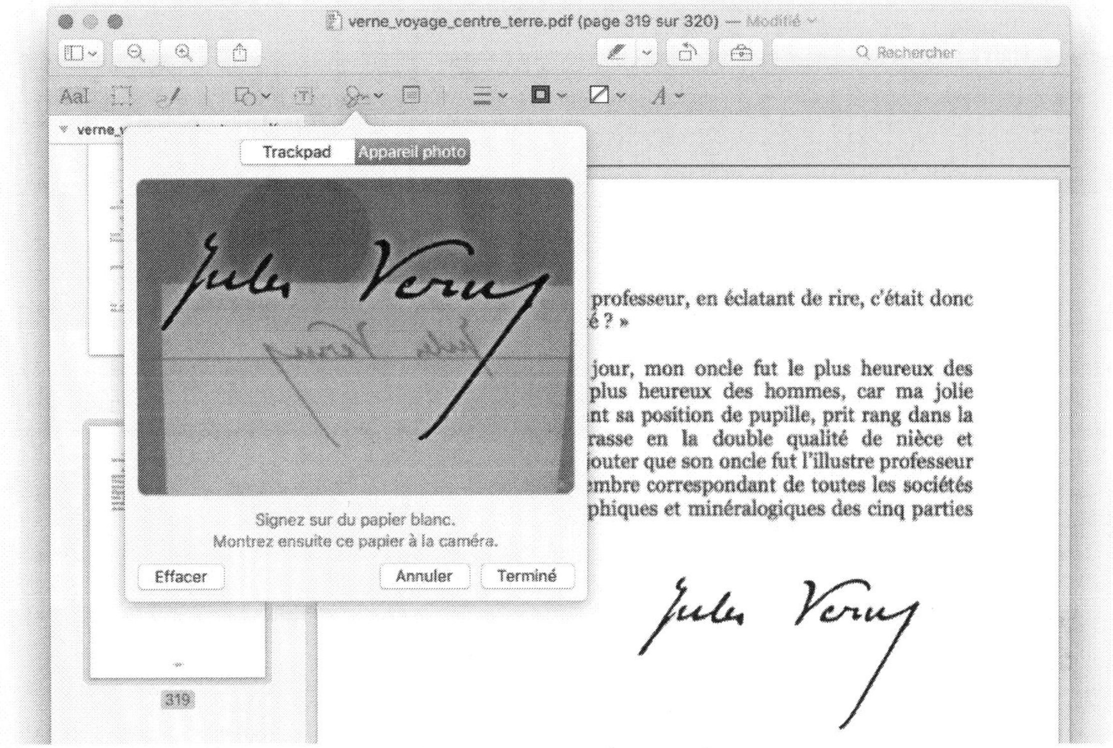

Illustration 52: Capturez votre signature avec la caméra

Présentez une signature à la caméra pour pouvoir l'ajouter à la bibliothèque.

Cette solution est pour moi la plus simple puisqu'il vous suffit de présenter une feuille blanche signée pour qu'Aperçu l'analyse. Mais n'en profitez pas pour vous lancer dans une carrière de faussaire !

> **Note** : Ajouter une image de signature dans un document n'a pas forcément une valeur légale. Renseignez-vous pour savoir si c'est bien le cas pour l'utilisation que vous en ferez. Notez également qu'il est possible de modifier cette signature. Exporter le document peut être une solution pour empêcher cette modification.

2.4 Acquisition avec un scanneur

Nous avons de plus en plus de documents disponibles directement au format électronique. Cependant, nous avons encore des documents en papier qu'il est utile d'archiver ou de partager. C'est là qu'intervient le scanneur.

2.4.1 À quoi sert un scanneur ?

Certaines personnes ne savent pas ce qu'est un scanneur. La différence avec une imprimante ne leur saute pas aux yeux. En même temps, l'explosion des imprimantes multifonctions n'aide pas à clarifier le rôle de chacun de ces périphériques. Essayons d'y voir un peu plus clair :

- L'imprimante permet de transcrire un fichier numérique sous une forme physique. Bref, elle imprime textes, photos et dessins sur du papier.
- Le scanneur se destine à la tâche inverse. Il « numérise » un document imprimé pour le retranscrire dans une forme numérique. Bref, il fait une photo, que l'ordinateur sait lire.

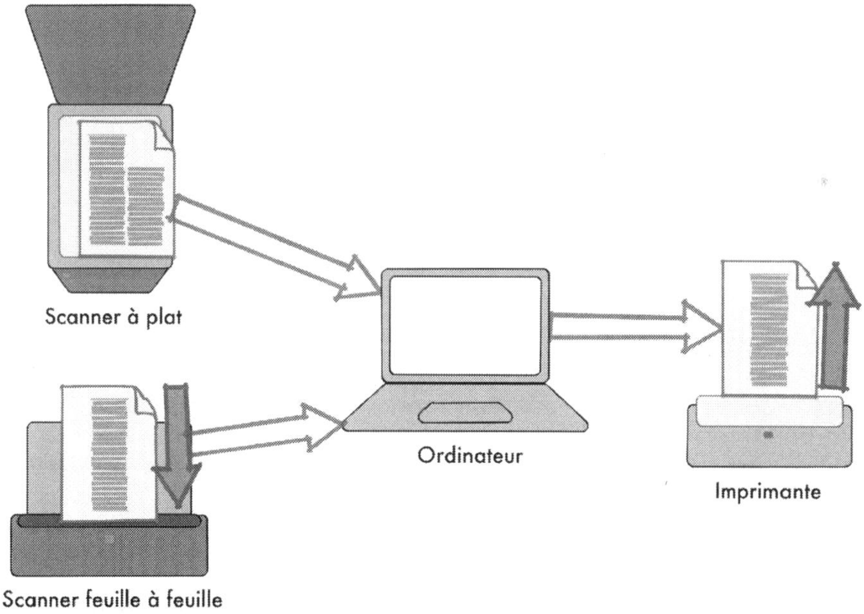

Illustration 53: Imprimante ou scanneur

Alors que les scanneurs sont des outils d'acquisition pour numériser des documents physique, l'imprimante joue un rôle symétrique en renvoyant dans le monde physique un fichier numérique.

Le scanneur n'est rien de plus qu'un appareil photo numérique. Il produit une image qui est transmise à l'ordinateur.

Ordinateur et scanneur communiquent de façons multiples, mais les deux configurations les plus courantes sont :

1. une communication par un câble USB qui relie physiquement les deux appareils.
2. une communication sans fil, par WiFi. Ordinateur et scanneur doivent alors être connectés au même réseau.

OS X est capable de piloter pas mal de scanneurs sans avoir à installer un logiciel particulier. Vous avez le choix entre au moins deux applications :

- Aperçu, qui propose une fonctionnalité d'importation à partir d'un scanneur
- Transfert d'Images, qui est une application dédiée à l'importation d'images, y compris à partir de scanneur.

L'une et l'autre fonctionnent sur les mêmes principes.

2.4.2 J'ai un scanneur, comment le configurer ?

Mais avant de pouvoir numériser un document, encore faut-il avoir correctement configuré votre Mac pour utiliser votre scanneur.

Vous pouvez vous trouver dans deux types de situation :

- Votre scanneur, ou imprimante multi-fonction, est directement géré par OS X. Auquel cas vous n'aurez pas grand chose à faire.

- Vous avez un scanneur qui requiert des logiciels spécifiques pour être utilisé. C'est, par exemple, le cas des produits Fujitsu avec leur gamme Scan. Dans ce cas, je vous renvoie à la document d'installation du produit.

Je ne vais cependant pas rentrer trop dans les détails. Chaque type de scanneur peut se configurer de façon plus ou moins différente. Mon objectif est plus de vous montrer les grandes étapes requises. Normalement les choses sont plutôt simples et vous devriez pouvoir adapter ces étapes à votre matériel.

Pour configurer votre Mac vous devez aller dans l'application Préférences Système :

1. ouvrez le panneau de réglages « *imprimantes et scanners* » ;
2. la partie de gauche liste les différentes imprimantes et scanneurs associées à votre Mac ;
3. la partie de droite donne les caractéristiques du périphérique sélectionné dans cette liste de gauche ;
4. si votre scanneur apparait dans cette liste c'est qu'il est probablement déjà configuré sur le Mac ;
5. le cas échéant, cliquez maintenant sur le bouton « + », placé sous la liste de gauche, pour ajouter un nouveau périphérique.

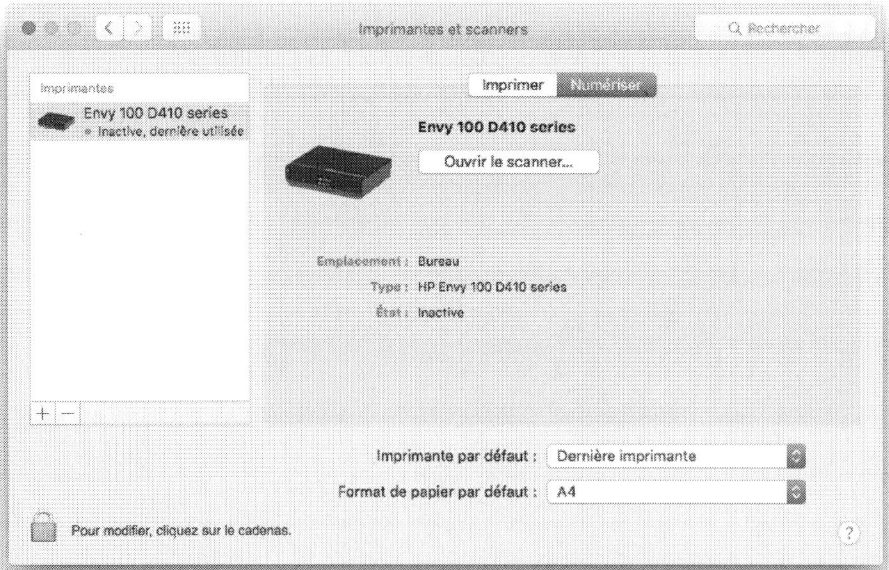

Illustration 54: Préférences système d'imprimante et scanner

Les préférences système pour les imprimantes et les scanneurs.

Une nouvelle fenêtre s'ouvre et vous demande les paramètres de connexion à votre nouveau périphérique. Normalement, votre imprimante ou scanneur doit s'afficher dans la liste de la vue « *par défaut* » :

1. cliquez sur le nom de votre périphérique ;
2. vous pouvez personnaliser son nom et son emplacement ;
3. validez en cliquant sur le bouton « *ajouter* » ;
4. suivez maintenant les instructions.

Illustration 55: Ajout d'une imprimante ou scanneur

En cliquant sur le bouton « + » vous pouvez présenter votre imprimante, ou votre scanneur, à votre Mac. Passé cette étape ils n'auront plus de problème à engager la conversation.

Une fois que le Mac a été correctement présenté à votre nouveau scanneur, il affichera son nom dans la liste des périphériques d'impression et numérisation.

Dans mon cas, une imprimante multi-fonction, le détail inclus deux onglets :

- les réglages de l'imprimante ;
- les réglages de numérisation.

Bien évidemment, ce que vous obtiendrez dépendra directement de votre modèle d'imprimante ou de scanneur.

2.4.3 Aperçu parle à votre scanneur

Pour numériser un document à partir d'Aperçu pour créer un nouveau PDF, vous devez déjà être dans l'application :

1. commencez par mettre une feuille à numériser sur la vitre du scanneur ;
2. Dans le menu « *fichier* » vous devriez voir une entrée : « *importer depuis <SCANNEUR>...* » où <SCANNEUR> est le nom de votre scanneur ;
3. sélectionnez cette entrée de menu ;
4. la fenêtre d'aperçu de numérisation s'ouvre ;
5. le scanneur lance une première numérisation de basse qualité pour donner une pré-visualisation de la feuille ;

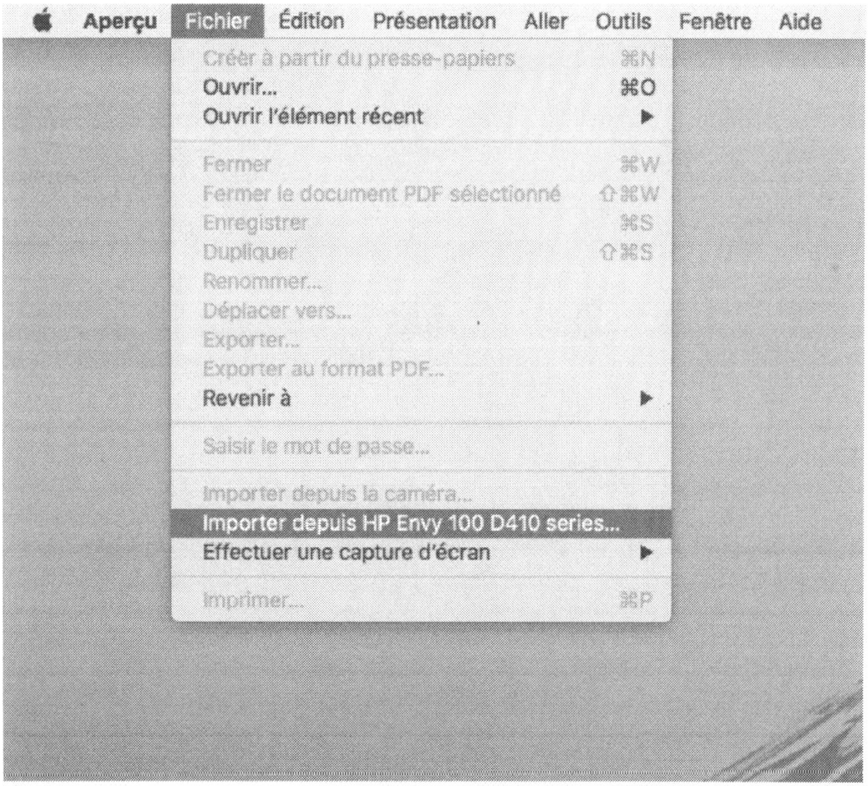

Illustration 56: Lancer une numérisation

Lancez une numérisation directement à partir d'*Aperçu*.

6. le résultat s'affiche dans la zone principale de la fenêtre.

La fenêtre de numérisation est donc divisée en deux parties :

- le document prend l'essentiel de l'espace ;
- la partie droite donne une série d'options, avec dans le bas les boutons pour déclencher les actions.

Il est possible d'avoir deux modes différents :

- le mode compact présente un minimum d'options ;
- le mode détaillé qui vous donne beaucoup plus de contrôles.

2.4.3.1 La vue compacte

Dans ce mode de présentation, le contenu est présenté dans l'essentiel de la fenêtre. Le reste est limité au strict minimum :

- une option pour définir le comportement de la numérisation ;
- un bouton pour basculer dans la vue détaillée ;
- un bouton pour numériser le document.

Outre le manque de contrôle, cette présentation a l'inconvénient de ne pas proposer de réaliser un aperçu avant de numériser.

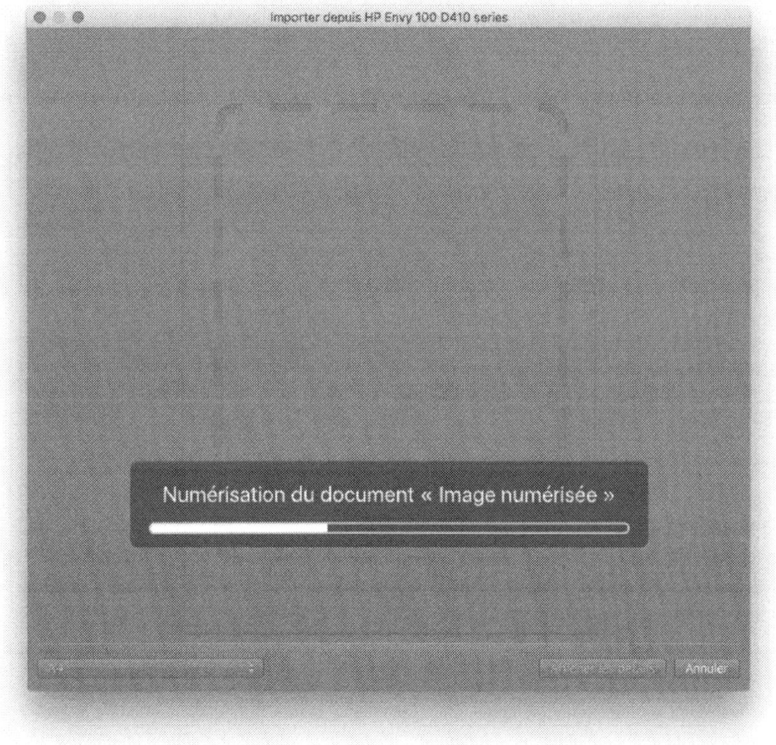

Illustration 57: Numérisation, la vue compacte

Utilisez la vue compacte pour numériser sans vous poser trop de questions. Ici, une numérisation est en cours. Les boutons de l'interface sont donc grisés.

Donc, en général, je bascule directement dans la vue détaillée.

2.4.3.2 La vue avec détails

Les options affichées à droite vont varier en fonction de vos choix. Cependant vous trouverez globalement toujours les même réglages :

- le type de document : du texte, une page en noir et blanc ou une page en couleurs ;
- les paramètres de la numérisation ou vous aurez toujours au moins la résolution ;

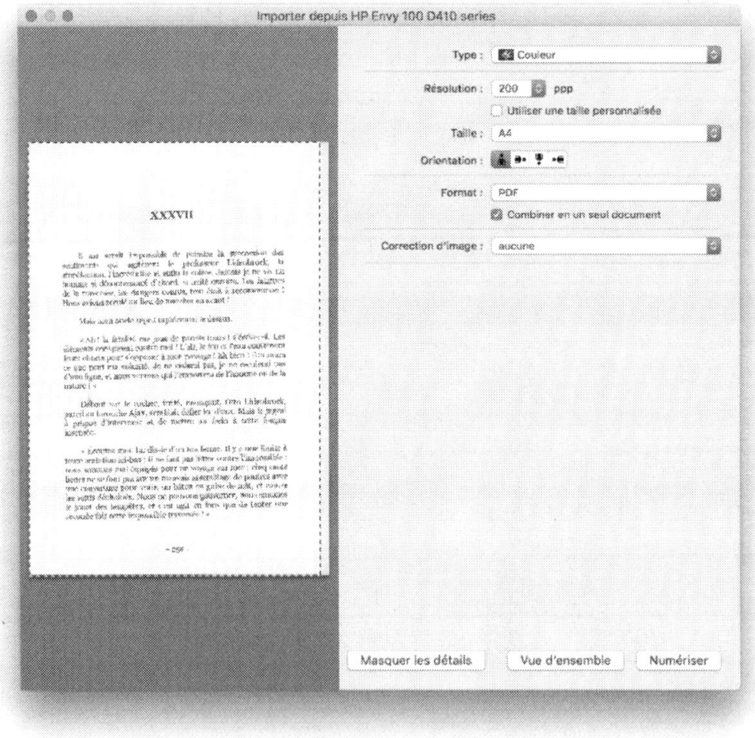

Illustration 58: Numérisation, la vue détaillée

La vue détaillée de la fenêtre de numérisation donne le maximum de contrôles.

- le format de sortie ;
- les réglages de correction de l'image.

Nous n'allons pas nous intéresser à la numérisation de vos photos. Notre objectif se limite à la création de documents PDF. Pour cela, assurez vous que le format de numérisation est bien réglé sur PDF :

1. dans les réglages, la valeur sélectionnée pour le format doit être « *PDF* ».
2. si ce n'est pas la valeur sélectionnée, choisissez la bonne valeur dans la liste.

Si vous avez un scanneur à chargement manuel, vous apprécierez l'option « *combiner en un seul document* » qui vous permet de numériser plusieurs pages tout en ne construisant au final qu'un seul fichier PDF. En règle générale, assurez vous que cette option est toujours cochée lorsque vous numérisez en PDF.

Vous aurez peut-être remarqué que dans l'espace de visualisation, une ou plusieurs zones sont sélectionnées et entourées de pointillés. Chaque zone se concrétisera par une page dans le PDF produit.

Ces zones sont définies de différentes manières :

- automatiquement en fonction de la taille de page sélectionnée ;
- par « divination » lorsque votre Mac essaye de deviner les limites des documents.
- par vous, manuellement, si vous voulez cadrer précisément.

Ces différents cas sont modifiés par l'option « *utiliser une taille personnalisée* » :

- *décochée* : vous pouvez choisir une taille de papier ainsi que l'orientation. Vous ne contrôlez pas la taille de la zone sélectionnée et vous ne pouvez que la dépla - cer. C'est le premier cas.
- *cochée* : le fonctionnement dépendra de l'option « *sélection automatique* ».

L'option « *sélection automatique* » propose différents choix, chacun impliquant un comportement différent pour la sélection des blocs à numériser dans la page :

- « *désactivé* » : c'est le mode manuel ou vous avez l'entière responsabilité de la sélection des bloc numérisés dans la page.

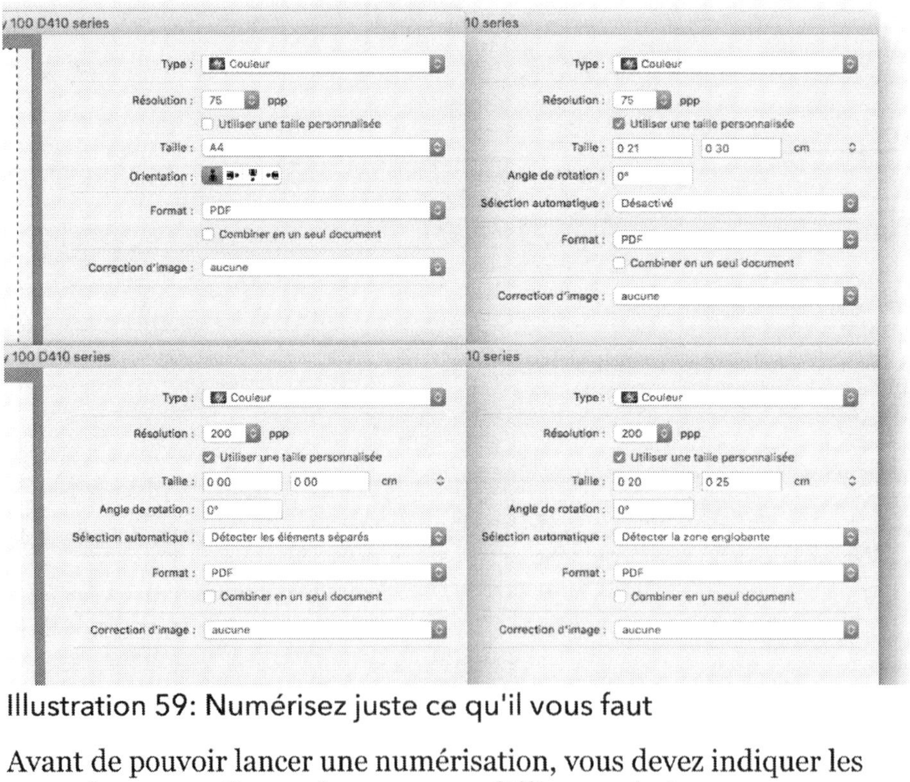

Illustration 59: Numérisez juste ce qu'il vous faut

Avant de pouvoir lancer une numérisation, vous devez indiquer les zones à scanner. Pour cela, vous avez différents choix.

– « *détecter les éléments séparés* » : votre Mac essaye d'identifier « par divination » si plusieurs pages sont à numériser. Idéal pour numériser en une seule passe plusieurs tickets de paiement.
– « *détecter la zone englobante* » : votre Mac essaye de trouver la page. Il recherche le rectangle le plus grand qui englobe du contenu.

Je ne détaille pas les réglages de la correction d'image manuelle. Ils ne concernent que les utilisateurs les plus experts.

2.4.3.3 Sélection des zones à numériser

Que la sélection doit automatique ou manuelle, il est toujours possible d'intervenir un minimum. Cliquez sur un rectangle de sélection pour faire apparaitre des poignées de contrôle :

- faites glisser les poignées placées au centre de chaque coté pour ajuster la position d'un des cotés ;
- faites glisser les coins pour ajuster deux cotés simultanément ;
- si vous cliquez au centre vous pourrez faire glisser la zone ;

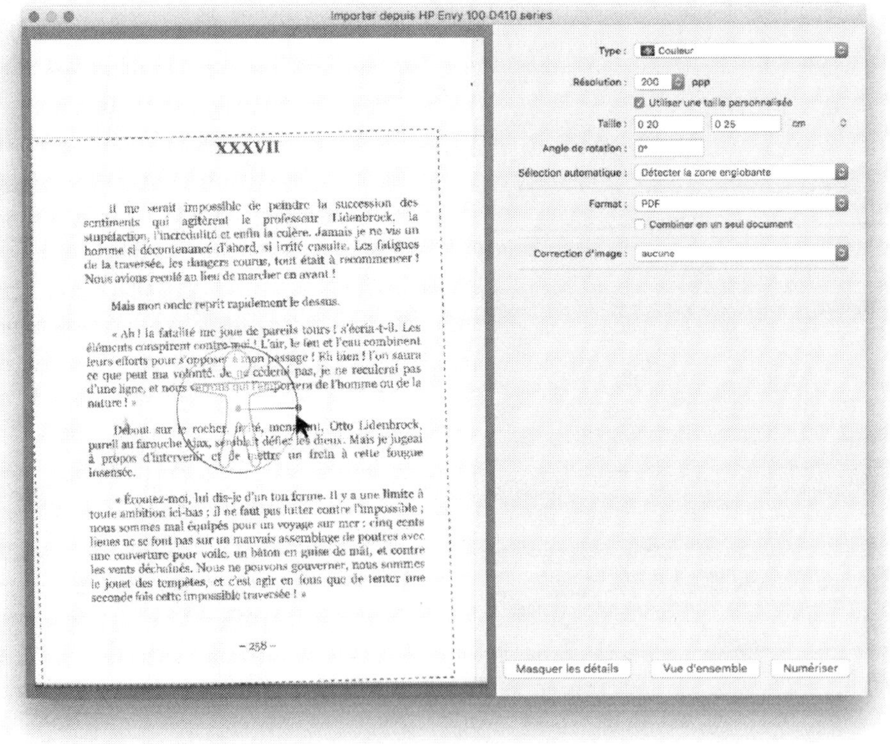

Illustration 60: Ajustez l'orientation

Compensez les mauvaises inclinaisons de vos pages avant de les numériser.

- une poignée est attachée au point central et permet de faire tourner la zone de sélection. Lorsque vous modifiez l'orientation haut et le bas sont repérés par une silhouette de personnage.

2.4.3.4 Lancer la numérisation

En bas à droite de la fenêtre de numérisation vous avez trois actions possibles :

- « *Masquer les détails* » permet d'alterner entre la vue détaillée ou compacte des réglages de numérisation ;
- « *Aperçu* » relance une numérisation en basse résolution pour préparer vos cadrages ;
- « *Numériser* » lance la numérisation dans la définition indiquée.

Lorsque vous cliquez sur ce dernier bouton, le scanneur lance le processus. Une fois achevé, il affichera la page numérisée dans une nouvelle fenêtre.

Si vous avez coché l'option pour combiner les numérisations en un seul document, vous pouvez enchainer les acquisitions de pages. Elles s'ajouteront toutes dans ce même document.

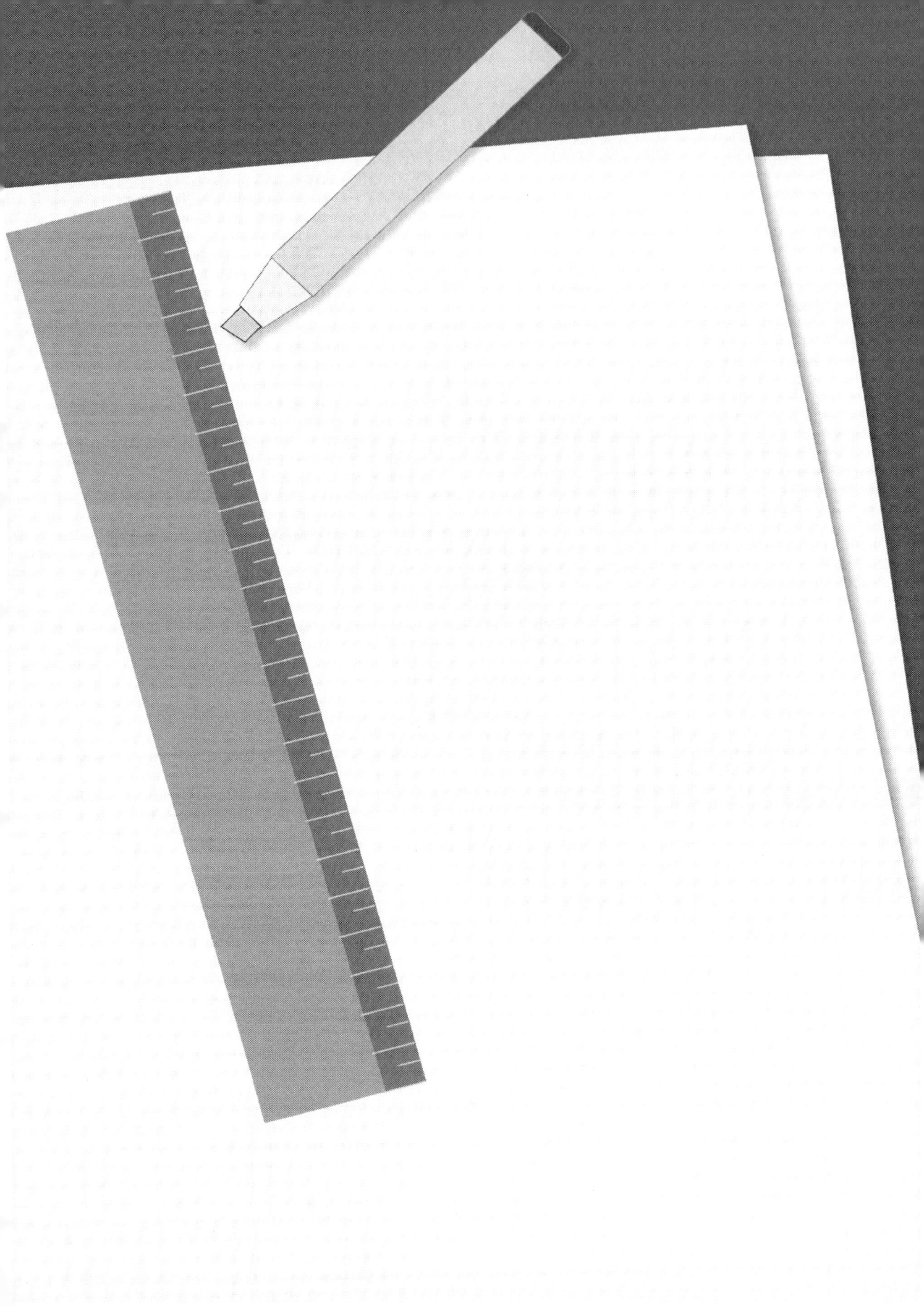

3 Un Aperçu de vos talents de dessinateur

Aperçu *est vraiment un outil méconnu et il faut bien avouer qu'il cache bien son jeu. Imaginiez-vous qu'*Aperçu *peut vous aider à créer des illustrations ?*

3.1 Découvrez votre boite à outils

*Je vais vous montrer qu'*Aperçu *est bien plus qu'un outil de lecture et d'annotation de PDF. Il peut aussi se transformer avec quelques limites, mais en toute simplicité, en un outil de dessin.*

Il est même possible d'utiliser quelques outils de retouche d'image, mais ce livre se concentre sur les fichiers au format PDF. Je ne peux que vous encourager à explorer cette application pour aller voir un cran plus loin.

Aperçu propose une large palettes d'outils disponibles soit dans le menu « *outils* », soit par une barre dédiée. Vous pouvez afficher, et masquer, cette barre en cliquant sur l'icône correspondante dans la barre d'outils principale.

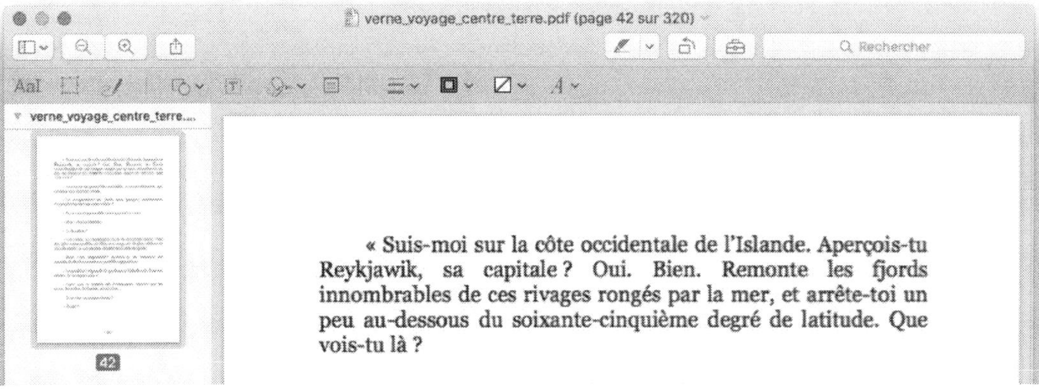

Illustration 61: Barre d'outils d'édition

Les outils d'édition sont regroupés dans une barre d'outils secondaires.

La barre des outils d'édition comprend, dans cet ordre, les actions suivantes :

1. la sélection de texte ;
2. la sélection rectangulaire ;
3. le dessin à main levée ;
4. les dessins géométriques pour insérer des lignes, des flèches, des rectangles à coins carrés ou arrondis, des ovales, des phylactères, des étoiles ou des polygones, un masque ou un effet loupe ;
5. l'insertion de texte ;
6. la signature de document ;
7. l'ajout de notes.

Les quatre dernières icônes de cette ligne d'outils permettent de configurer le comportement des outils qui les précèdent :

- la largeur et le style des traits utilisés pour dessiner ;
- la couleur des traits ;

- la couleur de remplissage des formes ;
- la police de caractères à utiliser pour le texte.

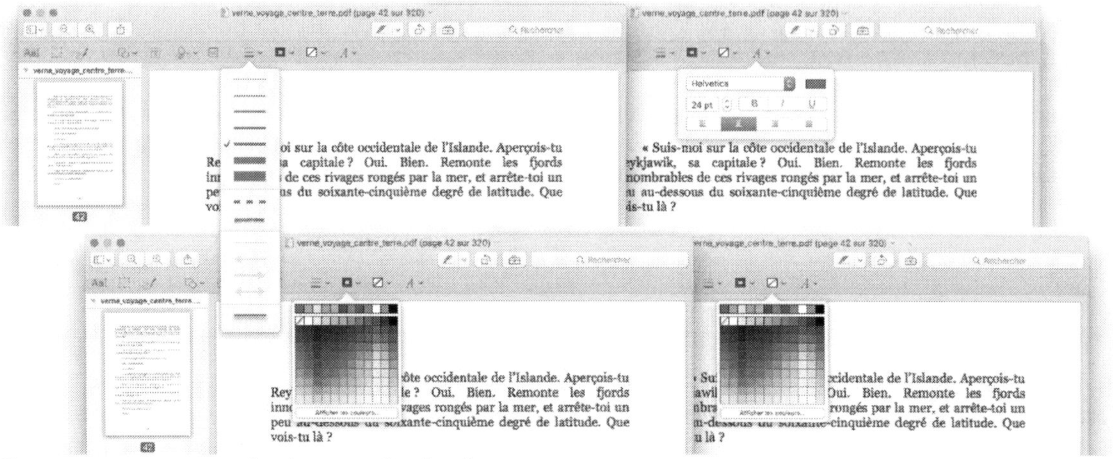

Illustration 62: Outils des outils de dessins

Que ce soit le style de trait, les couleurs ou le remplissage, vous avez assez de contrôle pour imposer votre style.

Les deux premiers outils, utilisés pour la sélection, ont déjà été détaillés dans la section précédente concernant la consultation de documents.

Les sections qui suivent vont rentrer plus précisément dans le détail de l'utilisation de chacun. Commençons par décrire l'ajout de schémas dans une page. Cette section détaille également l'utilisation des options de dessin.

3.1.1 Des formes dans un PDF

L'outil d'insertion de formes propose les formes de base les plus simples :

- des lignes qui permettent de dessiner de simples traits ;
- des flèches pour pointer un élément dans un dessin ;
- des rectangles pour encadrer ou cacher une partie du document ;
- des rectangles avec des coins arrondis ;
- des ovales ;
- des phylactères pour créer un effet BD ;
- des étoiles pour décorer ;
- des polygones pour les formes plus compliquées.

La palette de dessin propose également un outil de masque et de loupe qui seront détaillés chacun dans une section spécifique.

Nous allons maintenant voir comment utiliser les bases des outils de dessin et modifier leur apparence. Un paragraphe sera ensuite dédié à chaque type de forme utilisable dans l'outil de dessin.

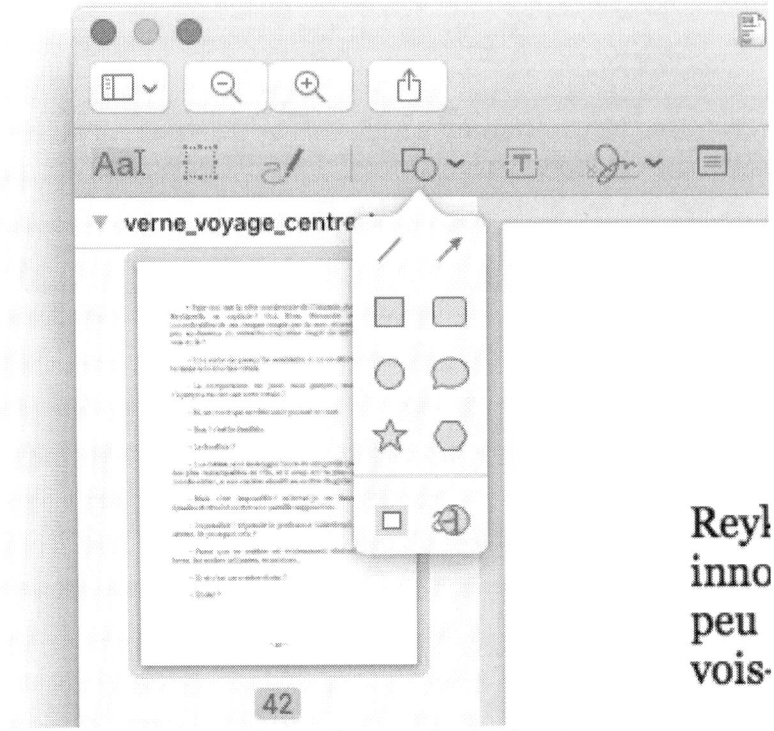

Illustration 63: La palette des outils de dessin

Cliquez sur l'icône des outils de dessin pour choisir la forme à ajouter à la page.

Dans les paragraphes qui suivent, je supposerais que vous avez ouvert un document que vous pouvez modifier sans risque, et que vous avez affiché la barre des outils d'édition. Le plus simple est peut-être d'ouvrir un document, d'y ajouter une feuille vierge et de travailler dessus.

3.1.2 Ajouter une forme géométrique dans une page

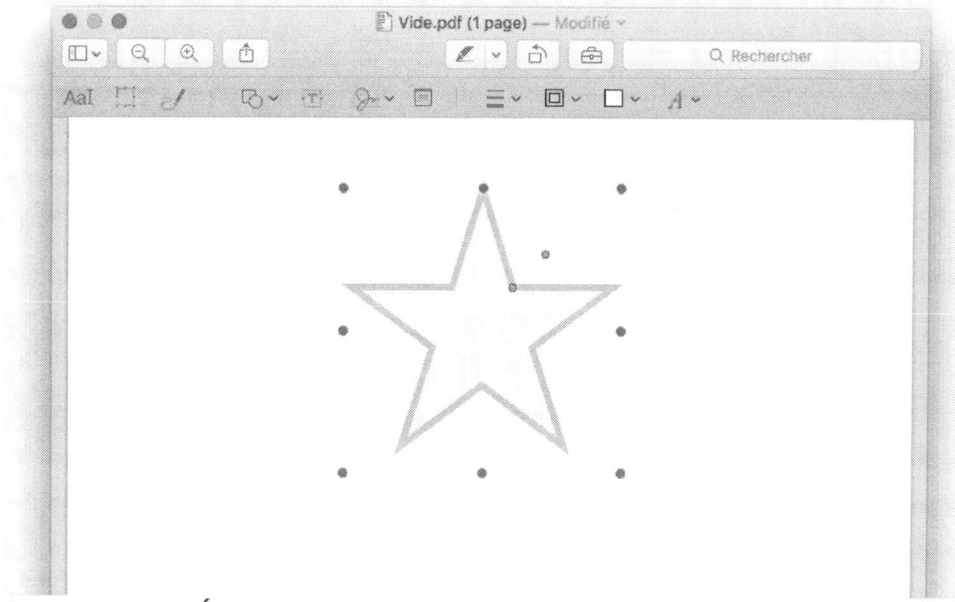

Illustration 64: Édition de forme

Lorsque vous ajoutez une forme elle est sélectionnée. Les poignées bleues et vertes permettent de l'ajuster.

Pour ajouter une forme à votre page, il faut commencer par sélectionner l'élément correspondant dans la palette des outils :

1. cliquez sur le bouton des formes, la palette s'affiche.
2. sélectionnez la forme à ajouter dans la page. Elle sera ajoutée directement au centre de la zone visible de la page ;
3. la nouvelle forme est automatiquement sélectionnée.

Lorsqu'une forme a été ajoutée à la page, vous remarquerez qu'elle possède également des poignées. L'utilisation de celles-ci dépend de leur couleur :

- les poignées bleues permettent de modifier les dimensions du rectangle dans lequel la forme s'inscrit. Ces poignées correspondent aux extrémités d'une ligne ou d'une flèche.
- les poignées vertes ne sont pas disponibles sur toutes les formes. Elles permettent de modifier certaines caractéristiques de la forme.

3.1.3 Changer les dimensions d'une forme

Si vous cliquez sur la page, en dehors de votre forme, les poignées disparaîtront. Seule la forme actuellement sélectionnée est décorée avec des poignées.

Il vous suffit de cliquer à nouveau sur une forme pour la sélectionner et retrouver les poignées de manipulation.

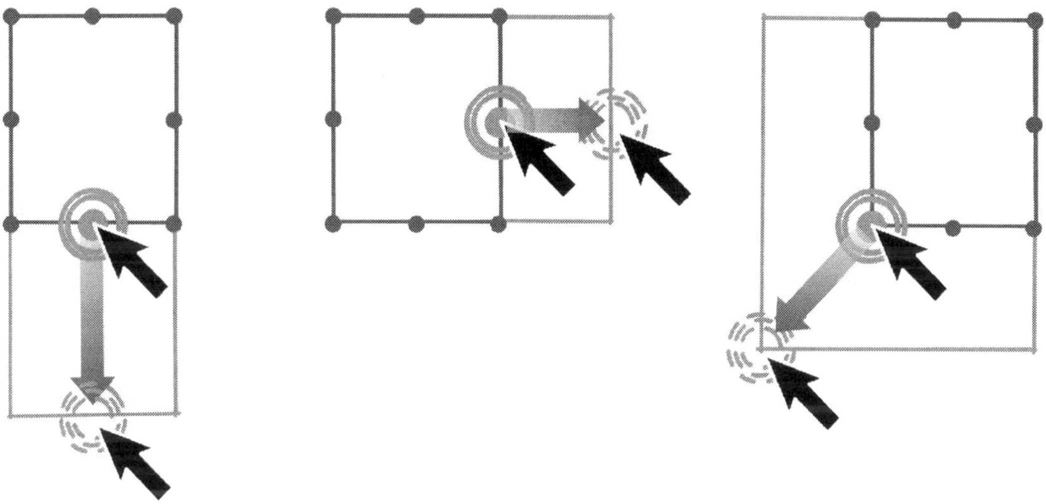

Illustration 65: Changer la taille d'une forme

Utilisez les poignées sur le cadre d'un objet pour en modifier les dimensions.

Pour changer les dimensions d'une forme, il suffit donc de sélectionner une des poignées bleues et de la faire glisser jusqu'à obtenir le résultat voulu.

Si vous voulez appliquer des contraintes à votre forme, par exemple pour avoir un carré parfait ou un cercle à la place d'une ellipse, vous pouvez appuyer sur les touches suivantes pendant que vous faites glisser la souris :

- La touche **majuscule** (⇧) applique une contrainte de proportion sur la forme.
- La touche **option** (⌥) : modifie le point de référence pour la transformation.

3.1.3.1 Contrainte de proportion

Lorsque vous forcez les proportions d'une forme avec la touche **majuscule** (⇧), vous obtiendrez le comportement suivant pour chacune des formes :

- un rectangle sera obligatoirement carré ;
- un ovale, ou un phylactère, sera un cercle ;
- une ligne, ou une flèche, sera bloquée sur un axe horizontal, vertical ou d'un angle de 45°.

Les étoiles et les polygones sont normalement des formes régulières : elles s'inscrivent dans un carré.

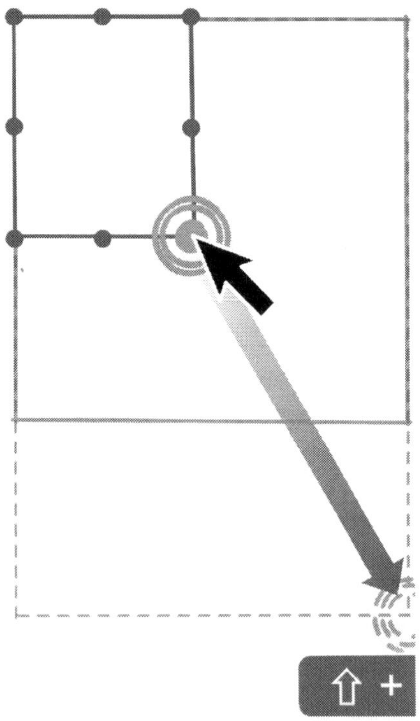

Illustration 66: Forcez les proportions

En utilisant la touche majuscule, vous pouvez contraindre les proportions d'un objet en modifiant sa taille.

Donc, contrairement aux autres formes, la touche **majuscule** (⇧) va vous permettre de briser ce cadre carré pour faire tenir votre forme dans un rectangle.

3.1.3.2 Modifier le centre de la transformation

Si vous ne faites rien de particulier, lorsque vous faites glisser une poignée bleue le cadre de la forme va suivre le déplacement de celle-ci. Le centre du rectangle qui encadre la forme est mobile et se déplace en suivant vos mouvements.

Il est possible d'obliger le centre du cadre à rester fixe. Pour cela vous devez maintenir la touche **option** (⌥) pressée pendant vos déplacements.

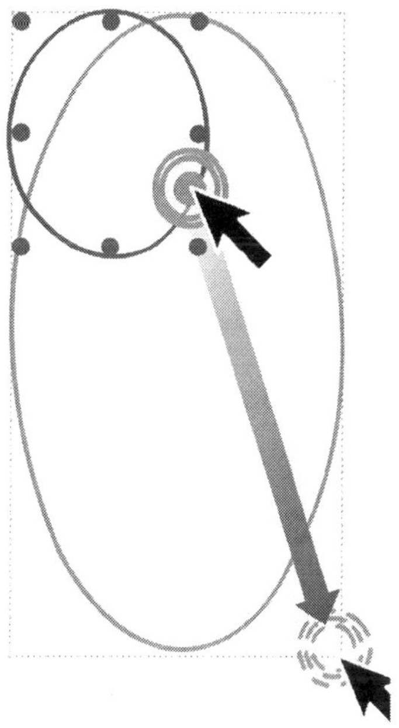

Illustration 67: Le centre est mobile

Lorsque vous changer la taille d'un objet, vous ne déplacez qu'une ou deux bordures, et le centre de la forme suit.

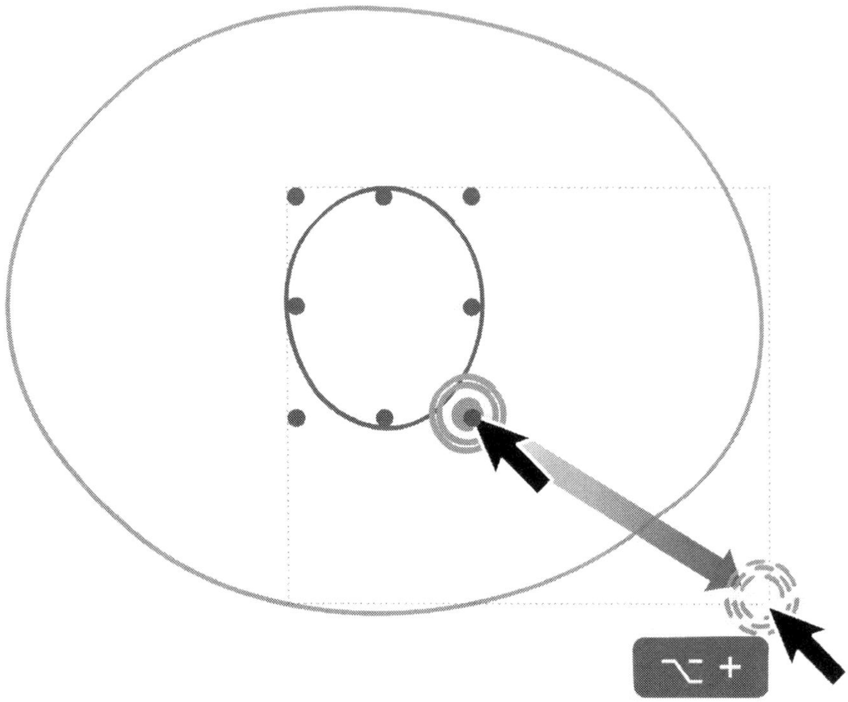

Illustration 68: Fixez le centre

Utilisez la touche **options** pour bloquer la position du centre lorsque vous en changer la taille.

Utilisez cette option pour changer la taille d'une forme sans pour autant la faire bouger dans la page.

3.1.4 Déplacer une forme

Comme vous pouvez changer la taille d'un objet, il est tout autant possible de les déplacer dans la page.

Si vous déplacez le curseur de la souris au-dessus d'un objet, vous devriez voir qu'il change de forme pour devenir une petite main ouverte. Cela signifie à nouveau que vous pouvez saisir l'objet pour le déplacer :

- cliquez sur l'objet lorsque le curseur est une main ouverte et maintenez le clic ;
- faites bouger la souris pour déplacer l'objet.

Si vous appuyez sur la touche **majuscule** (⇧) pendant un déplacement, cela permet de forcer le déplacement sur un seul axe. Si vous vous déplacez horizontalement, la position verticale restera la même. Au contraire, si vous faites un déplacement vertical, c'est la position horizontale qui sera préservée.

Lorsque la page contient plusieurs objets, vous remarquerez qu'Aperçu vous présente des guides d'alignement lorsqu'un objet se positionne par rapport à un autre.

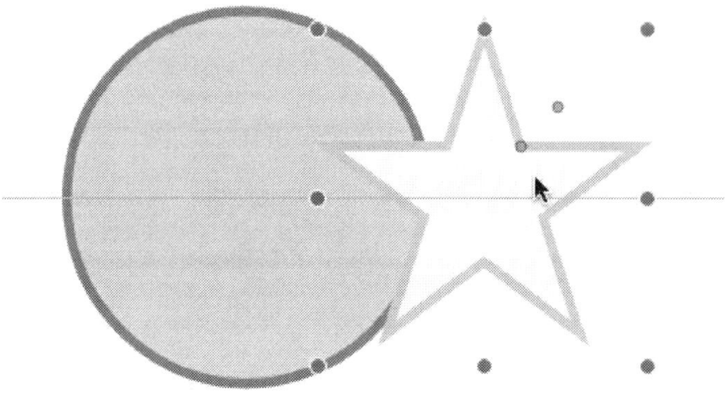

Illustration 69: Guides d'alignement

Les guides vous aident à aligner les centres des différentes formes.

Ces guides permettent de centrer les objets horizontalement ou verticalement.

Vous pouvez également déplacer plusieurs objets d'un seul coup en en sélectionnant plusieurs :

1. sélectionnez un premier objet ;
2. appuyez sur **majuscule** (⇧) pour ajouter, ou enlever, un autre objet à la sélection.

Il est ensuite possible de déplacer tous ces objets en un seul mouvement.

> **Note** : il est possible de sélectionner un objet et d'utiliser les fonctions de copier/coller pour le dupliquer ailleurs sur le document.

3.1.5 Cloner un objet

Ce qui suit est une petite astuce qui peut vous éviter l'utilisation du presse-papiers.

Vous pouvez très simplement cloner un objet d'un clic pour le multiplier dans votre page :

1. sélectionnez un ou plusieurs objets graphiques dans la page ;
2. appuyez simultanément sur les touches **majuscules** et **option** (⇧ + ⌥) ;
3. sans relâcher les touches du clavier, cliquez sur un des objets et déplacez-le.

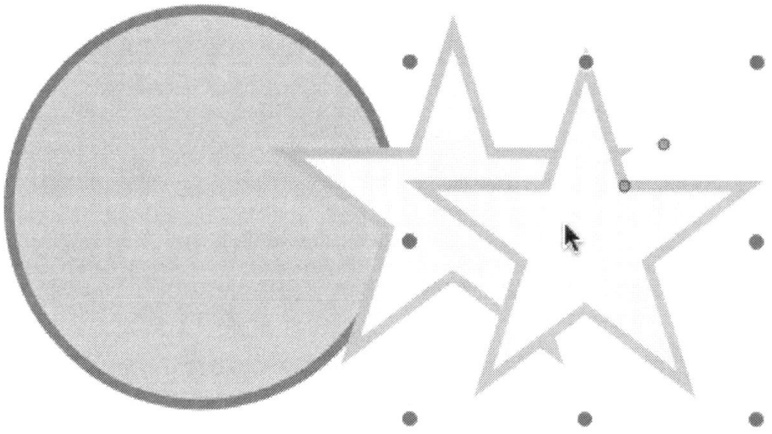

Illustration 70: Clonez des formes

Deux touches vous suffiront pour pratiquer le clonage de formes.

Vous verrez que l'objet initial reste en place et que ce que vous déplacez est une copie parfaite.

3.2 Ajuster vos outils

Chacun de vos outils peut être ajusté pour correspondre au mieux à votre envie et vos besoins. Cette section explique comment rendre vos traits plus épais ou plus fins ou comment remplir les formes de bleu ou de rouge. Vous verrez aussi comment changer le dessin de vos textes, leur taille et leur couleur.
Bref, je vais vous présenter votre boite de crayons de couleur et vos pots de peinture.

3.2.1 Modifier le style de trait

Vous pouvez modifier le trait utilisé pour le design soit en jouant sur son épaisseur, soit en utilisant un rendu particulier. Ce choix est réalisé dans la palette des styles de traits :

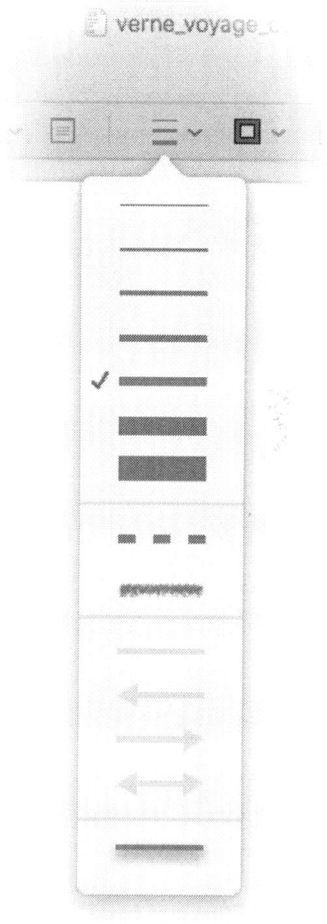

Illustration 71: Styles de trait

Les différentes options pour les styles de traits.

La palette est divisée en quatre parties :

1. l'épaisseur du trait de fin à extra large ;
2. le rendu simple, en pointillé ou façon craie ;
3. la position des flèches, uniquement disponible pour les lignes et les flèches ;
4. une option pour ajouter une ombre portée à vos traits.

Lorsque vous avez sélectionné un objet, vous pouvez modifier le style de trait en allant choisir une des caractéristiques dans la palette.

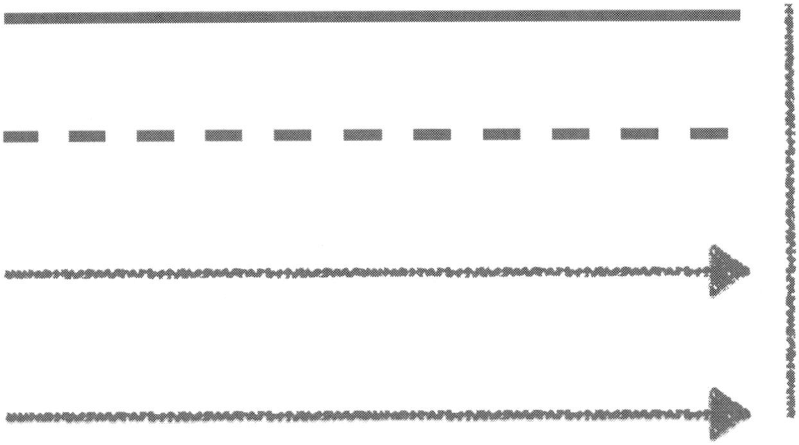

Illustration 72: Styles de ligne

Quelques styles de ligne.

3.2.2 Modifier la couleur d'un trait

Si vous souhaitez modifier la couleur de dessin pour les contours et les traits, il vous faut cliquer sur la palette des couleurs de contours :

1. sélectionner les formes dont vous souhaitez modifier la couleur de trait ;
2. cliquez sur la palette des couleurs de trait ;
3. sélectionnez une nouvelle couleur.

Dans cette grille de couleur, vous retrouverez une palette plutôt large. Notez que la toute première case, un carré blanc barré, correspond à la couleur transparente.

Sous la grille des couleurs, un bouton « *afficher les couleurs…* » permet d'utiliser la palette standard d'OS X.

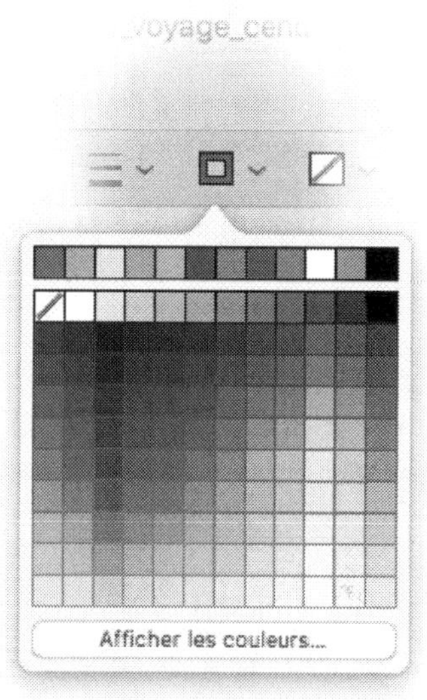

Illustration 73: Couleurs de trait

La palette pour les couleurs de trait. Notez la première case, barrée, pour l'absence de couleur.

3.2.3 Modifier une couleur de remplissage

Pour changer la couleur de remplissage d'une forme, la technique est la même que celle décrite dans le précédent paragraphe pour les couleurs de contours :

1. sélectionnez les formes dont vous souhaitez modifier la couleur de remplissage ;
2. cliquez sur la palette des couleurs de trait ;
3. sélectionnez la nouvelle couleur.

Vous remarquerez que les outils de dessins restent plutôt sommaires. Il n'est pas question ici de faire dans le détail en utilisant des dégradés de couleur ou des motifs de remplissage. Nous ne sommes pas dans MacPaint !

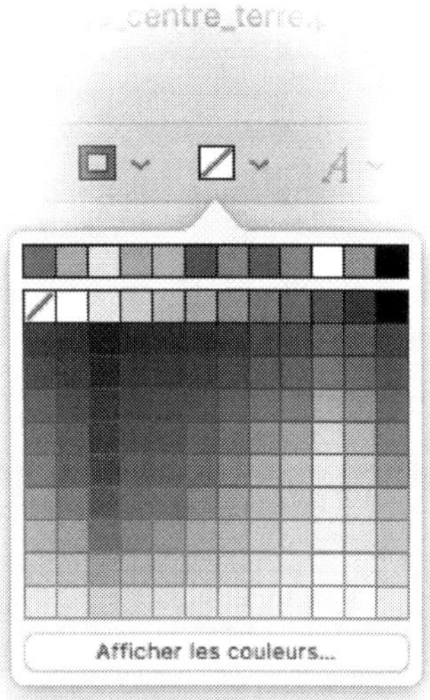

Illustration 74: Couleurs de remplissage

Comme pour les traits vous pouvez opter pour aucune couleur de remplissage et la forme sera transparente. Notez le bouton « *afficher les couleurs...* » pour afficher la palette standard d'OS X.

3.2.4 Modifier le style de texte

Vous pouvez ajouter du texte dans une page. Nous verrons comment dans les paragraphes qui suivent. Sans rentrer dans le détail de son utilisation, je vais vous demander d'insérer un bloc de texte sur votre page. Cela va nous permettre de jouer un peu avec son style :

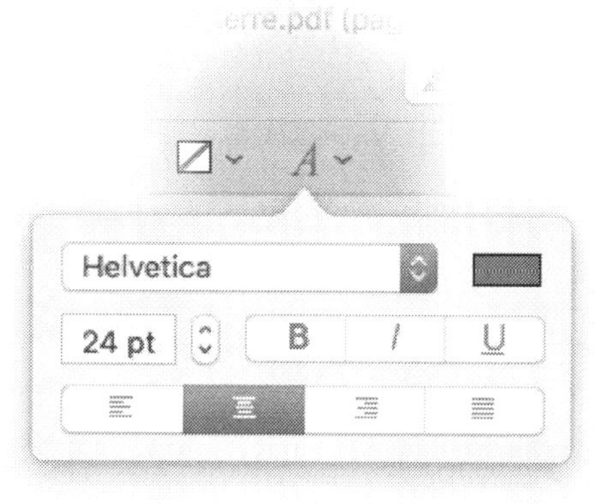

Illustration 75: Style de texte

Les styles de texte vous donne le contrôle de police, de couleur et de taille du texte. Vous avez aussi moyen d'ajuster le style et l'alignement du texte.

1. cliquez sur l'outil texte dans la barre d'édition ;
2. le mot « texte » devrait s'afficher sur votre page ;
3. cliquez sur ce bloc de texte et tapez quelques mots.

Cliquez maintenant sur le bouton de configuration du texte. La palette d'options devrait apparaitre et vous proposer de modifier ce qui suit :

- la police de caractère, ou fonte, c'est-à-dire le style visuel et le dessin spécifique des caractères.
- La couleur du texte.
- la taille des caractères.
- le style des caractères : gras, italique et souligné. Rien d'inconnu si vous avez déjà fréquenté un traitement de texte.
- L'alignement du texte dans sa boite.

Pour appliquer un changement de style à votre texte, il faut simplement sélectionner le bloc de texte et choisir une des variantes dans la palette.

> **Note** : Remarquez que, suivant la police de caractères utilisée, les styles gras et italique ne soient pas disponibles. C'est tout simplement que ces variantes ne sont pas disponibles pour la fonte choisie.

3.3 Les formes élémentaires

*Dans cette section, nous allons faire le tour des différentes formes qu'*Aperçu *vous laissera dessiner :*

– les lignes et les flèches que vous apprendrez à plier à vos envies ;
– des rectangles aux coins pointus ou aux courbes arrondies ;
– des bulles de BD pour faire parler vos documents ;
– des étoiles pour éclairer vos documents ;
– des polygones de tous côtés ;
– et même un décodeur à gribouillis qui saura rendre vos traits approximatifs en formes régulières.

3.3.1 Utiliser les outils lignes et flèches

Pour dessiner des lignes et des flèches, Aperçu vous donne tout ce qu'il faut :

1. Cliquez simplement sur l'outil de ligne ou de flèche pour ajouter l'un ou l'autre dans la page.
2. Il ne vous reste plus qu'à déplacer chacune des extrémités par les poignées bleues pour positionner votre ligne là ou vous le souhaitez.

En saisissant la ligne entre les poignées, vous avez la possibilité de la déplacer dans la page.

Les lignes droites c'est bien joli, mais cela peut apparaitre un peu rigide. Il est souvent agréable de faire des lignes courbes.

Aperçu n'est pas un outil de dessin et il est inutile d'espérer réaliser une belle sinusoïde avec cet outil. Mais avez-vous remarqué la poignée verte placée au centre de votre ligne ?

En saisissant, et en déplaçant cette poignée cette il est possible de transformer un segment rigide en arc.

Illustration 76: Donnez des courbes à vos lignes

Jouez de la poignée verte sur la ligne du sourire pour l'ajuster à l'humeur souhaitée.

Les raccourcis clavier s'appliquent également pour ces formes :

- Les extrémités des segments et des flèches peuvent être déplacées sur un axe vertical, horizontal ou à 45° en appuyant sur **majuscule** (⇧) pendant le déplacement de la poignée.
- La ligne peut être déplacée en préservant la position verticale ou horizontale en appuyant sur **majuscule** (⇧) pendant le déplacement du segment.
- Les courbes et segments peuvent être agrandis ou réduits en appuyant sur **majuscule** (⇧) pendant le déplacement des poignées bleues. En ajoutant la touche **option** (⌥) on permet de verrouiller la position centrale de la ligne.

Un dernier détail, il vous est possible de placer un court texte au début de vos lignes et de vos flèches. Il faut juste un double clic sur la ligne.

Vous voilà maintenant armé pour réaliser les flèches de votre prochain organigramme.

Illustration 77: Étiquettez vos lignes

Que ce soit lignes ou formes, vous pouvez étiqueter les objets avec un texte qui suivra votre forme dans tous ses déplacements.

3.3.2 Des rectangles et des ronds

Que vous souhaitiez créer des rectangles, des rectangles arrondis ou des ovales, la technique à utiliser est toujours la même :

1. sélectionnez la forme dans la palette ;
2. elle est automatiquement ajoutée et sélectionnée dans la page ;
3. vous pouvez maintenant la déplacer et changer sa taille avec l'aide des poignées.

Vous pouvez double-cliquer sur une forme pour lui associer un court texte. Utilisez la palette des styles de caractères pour en ajuster l'apparence.

Il n'est pas possible de faire tourner les formes. N'espérez donc pas incliner vos ovales ou vos rectangles.

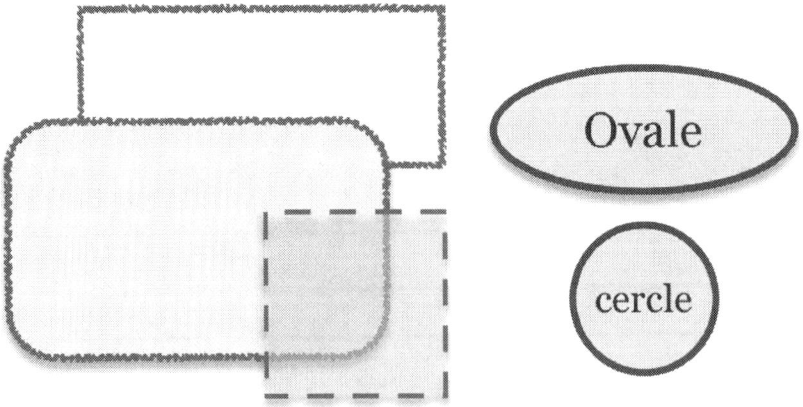

Illustration 78: Exemples d'ovales et de rectangles

En jouant avec les styles vous pouvez donner du caractère à vos formes.

Une autre petite limitation concerne les rectangles avec coins arrondis : vous n'avez pas la possibilité de modifier la taille de la courbure des coins. Ainsi en réduisant trop un carré vous aurez un petit cercle...

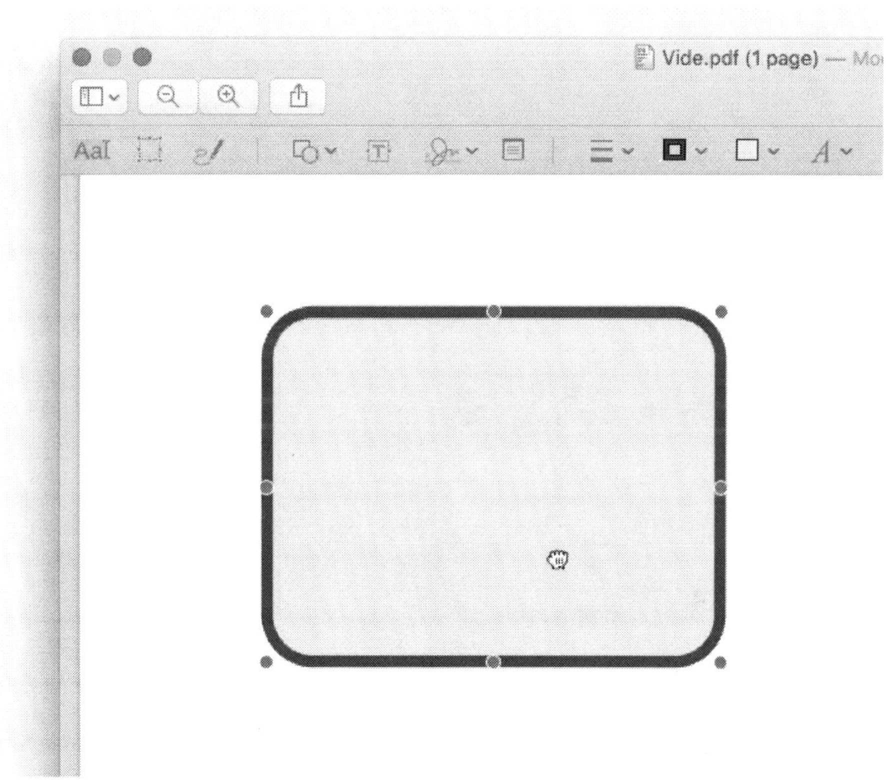

Illustration 79: Un rectangle à coins arrondis

Ajoutez un rectangle et il sera automatiquement sélectionné. Étirez votre forme en tirant sur les poignées bleues, déplacez là en la saisissant au corps.

3.3.3 Se lancer dans la BD

Lorsque vous devez ajouter quelques annotations il peut être plus lisible d'utiliser un phylactère. Vous pourriez aussi utiliser Aperçu pour vous lancer dans une carrière de dessinateur de bande dessinée.

Quelles que puissent être vos raisons, pour insérer cette bulle de BD le fonctionnement reste le même. Comme pour les autres formes vous pouvez changer les dimensions ou déplacer l'objet.

Illustration 80: Ajoutez des bulles

Et vous vous lanciez dans la création de romans-photos en ajoutant des bulles de BD ?

Cette forme possède deux poignées vertes supplémentaires :

– une première poignée à l'extrémité de la pointe permet de la raccourcir ou de l'allonger ;

– une seconde poignée est placée au bas de la pointe, au contact de la bulle. Elle permet d'élargir ou réduire la largeur de la base de la pointe.

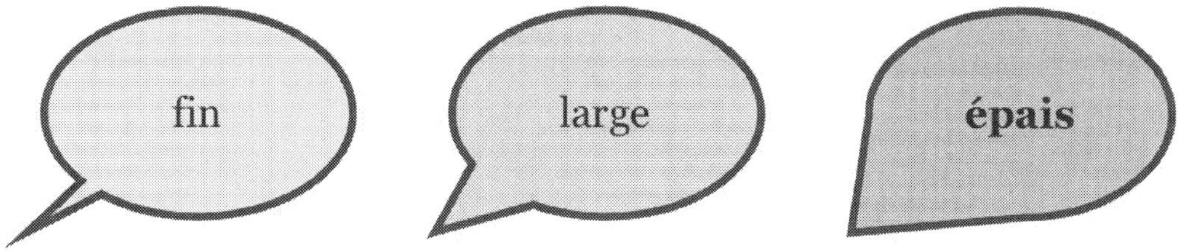

Illustration 81: Quelques bulles

En jouant avec les styles de bulle, vous avez accès à des formes originales.

3.3.4 La tête dans les étoiles

Si vous souhaitez illuminer vos PDF, pensez à y ajouter quelques étoiles.

Comme pour les autres formes, il vous faut simplement sélectionner la forme pour l'ajouter à la page.

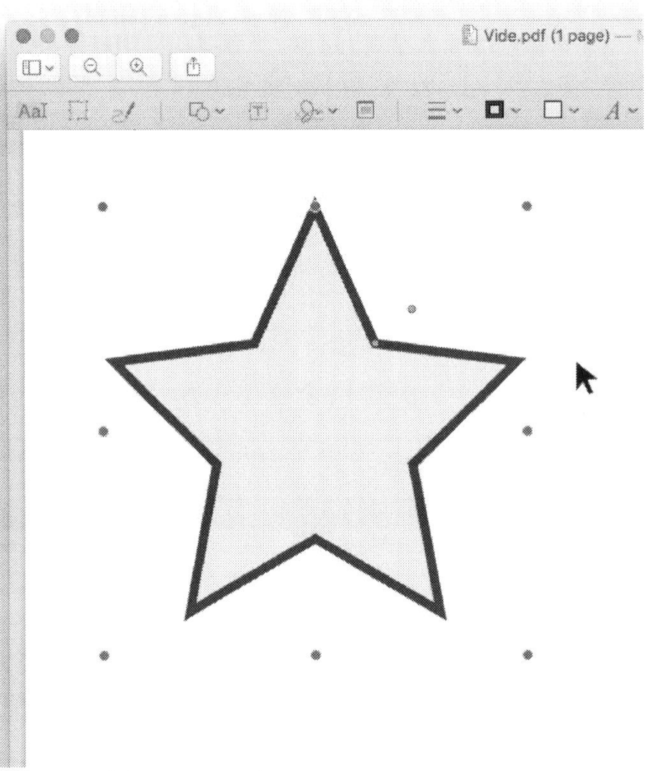

Illustration 82: Forme de star

Certes, Aperçu n'est pas le meilleur outil de dessin pour faire un ciel étoilé, mais cette forme peut avoir son utilité.

Les poignées bleues fonctionnent comme pour les autres formes, à une petite différence près : une étoile garde toujours une largeur égale à sa hauteur. Vous pouvez déformer l'objet en utilisant la touche **majuscule** (⇧) pendant que vous glissez une des poignées.

Vous disposez de deux poignées vertes supplémentaires :

- celle qui est le plus à l'extérieur permet de modifier le nombre de branches de votre étoile ;
- celle qui est le plus vers l'intérieur permet de modifier la longueur des branches.

Illustration 83: Constellation de styles pour les étoiles

En multipliant les branches des étoiles, ou en jouant sur leur longueur, les étoiles peuvent aller de l'explosion au sticker de publicitaire.

En jouant sur ces combinaisons, vous pouvez donc obtenir des formes d'étoiles ou même représenter une de ces étiquettes publicitaires. Oui, celle qui vous annonce une promotion exceptionnelle.

3.3.5 Dessiner des polygones

Ajoutez un polygone en cliquant sur la forme dans la palette.

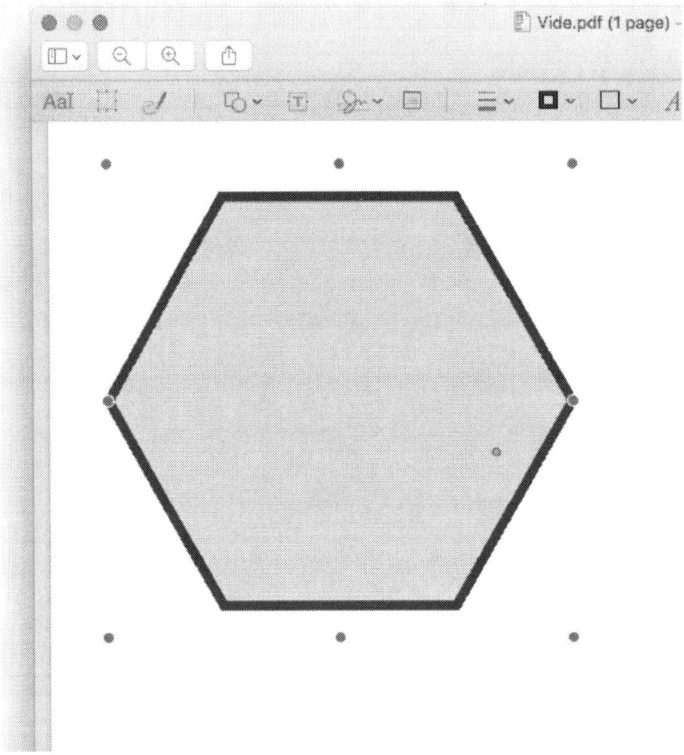

Illustration 84: Polygone

Commencez par le nid d'abeilles. Mais les polygones peuvent bien plus.

Là encore, vous disposerez de poignées pour changer la taille et vous pouvez déplacer la forme en la saisissant d'un clic.

Comme les étoiles, un polygone conserve des proportions égales. Il vous faudra là aussi appuyer sur la touche **majuscule** (⇧) pour avoir une forme qui s'inscrive dans un rectangle plutôt qu'un carré.

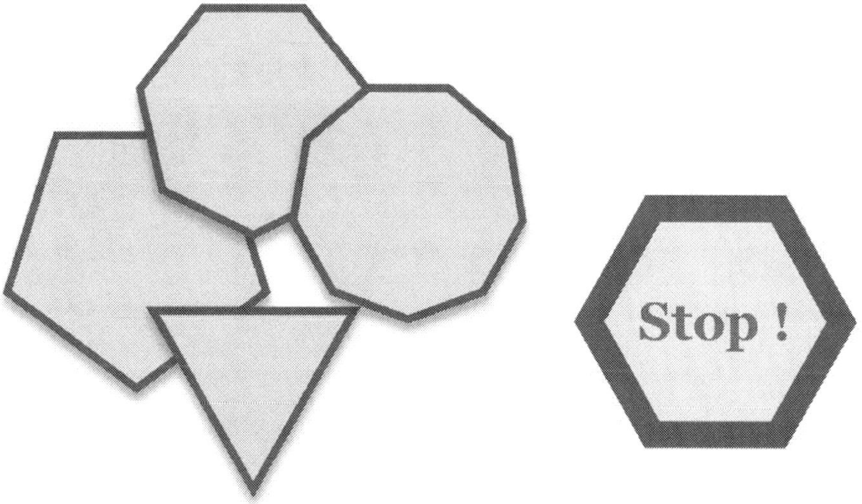

Illustration 85: Styles de polygones

Réduisez ou multipliez les faces de vos polygones pour obtenir tous les styles.

Astuce : il n'est pas possible de faire tourner un rectangle pour avoir un losange. Cependant, utilisez un polygone avec quatre côtés pour obtenir une forme en losange.

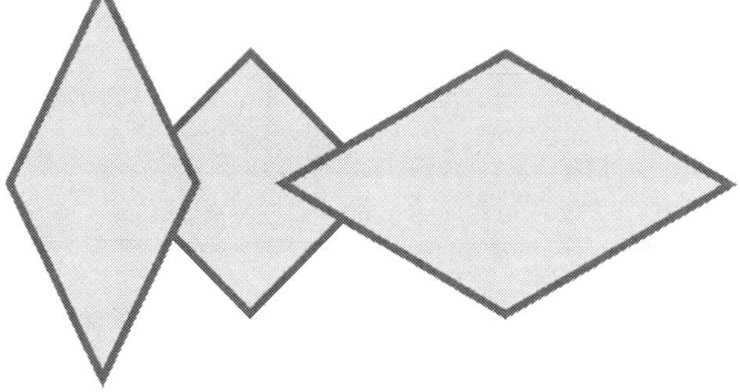

Illustration 86: Styles de quadrilatères

Un polygone de quatre côtés et voilà les losanges à votre portée.

3.4 Les schémas automatiques

Depuis OS X Yosemite, il est possible d'insérer des dessins géométrique en les dessinant à main levée. Cet outil a été mis en avant dans l'application Mail *pour annoter des images, mais elles est également disponibles dans d'autres logiciels dont* Aperçu.

Parmi les nombreuses technologies d'OS X, les formes automatiques sont peut être ce qui ressemble le plus à un

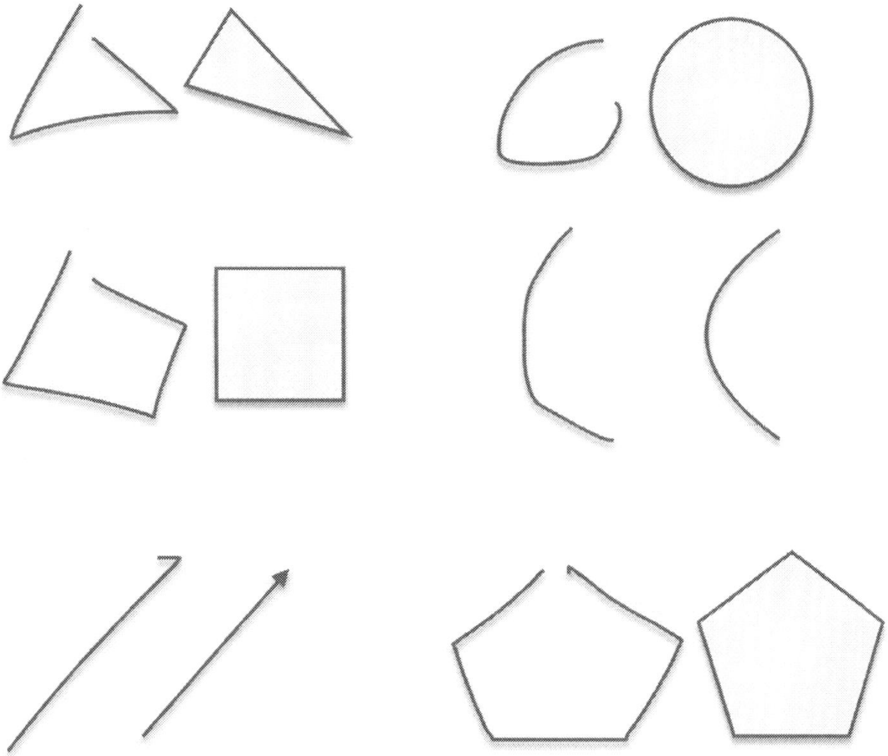

Illustration 87: Quelques formes automatiques

Pas besoin de grand talent pour faire des formes parfaites. Une simple esquisse et voilà la forme parfaite qui apparait sous vos yeux.

tour de magie. Vous gribouillez une vague forme et le Mac devine ce que vous vouliez faire. Enfin, presque. En tout cas, cela fonctionne suffisamment souvent pour être utile.

Pour utiliser l'outil de dessin commencez par cliquer sur l'outil de dessin à main levée :

- lorsque l'outil de dessin est actif, le pointeur souris a la forme d'une plume d'écriture ;

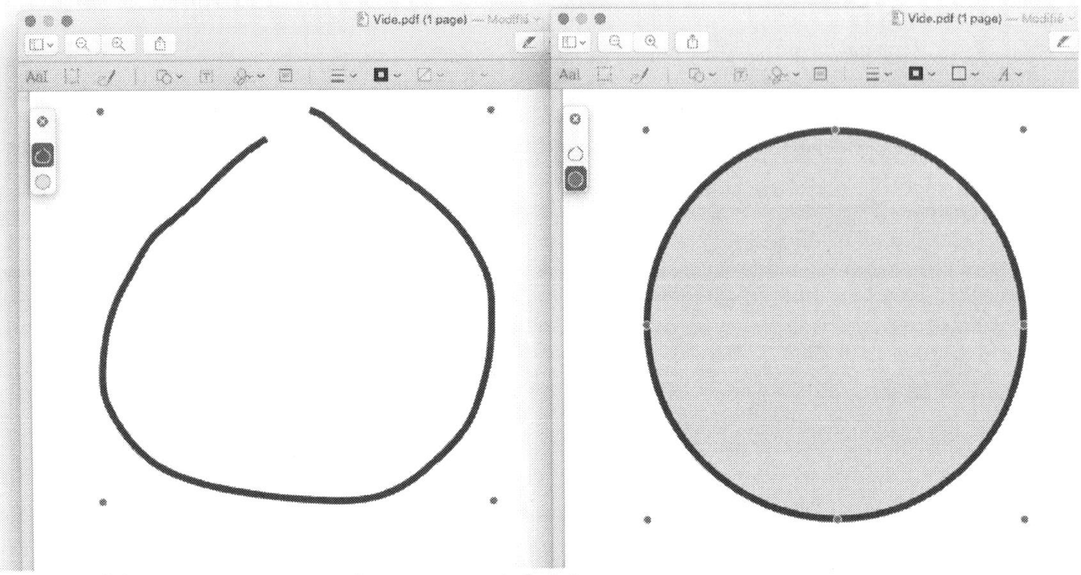

Illustration 88: Forme automatique ou trait hésitant

Lorsque vous utilisez les formes automatiques, un simple trait hésitant peut devenir un cercle parfait. Vous avez cependant le choix, mais ce choix est sans retour.

- cliquez sur la page, puis tout en maintenant la pression dessinez la forme de votre choix ;
- relâchez le clic.

Si la forme est facile à reconnaitre elle sera automatiquement transformée par Aperçu. Vous aurez peut-être remarqué la petite palette flottante qui s'affiche lorsque vous avez fini le dessin.

Cette fenêtre flottante vous permet de choisir entre la forme reconnue par le Mac ou votre dessin initial. Si jamais votre dessin pouvait correspondre à plusieurs formes, elles seront affichées dans la palette et vous n'aurez qu'à choisir.

> **Note** : Une fois que vous aurez désélectionné la forme en cours il ne sera plus possible de modifier votre choix.

4 Devenir un expert

Si vous vous sentez d'attaque, il est maintenant possible de passer à la vitesse supérieure. Découvrons comment OS X permet de personnaliser le flux d'impression et d'automatiser certaines opérations.

4.1 Les Services PDF

Le processus d'impression de documents dans OS X peut être personnalisé. Il n'est pas ici question de changer les réglages pour passer d'une impression couleur à une impression en noir et blanc. Je parle d'une personnalisation plus poussée en y intercalant vos propres traitements.

4.1.1 De quoi parle-t-on ?

Nous avons vu dans l'introduction que le système d'impression d'OS X s'appuie sur le format PDF. Pour faire un petit rappel de la situation, je vous rappelle que les applications génèrent un document PDF qui est envoyé au système d'impression.

Le système d'impression utilise alors ce PDF pour présenter un aperçu dans le dialogue d'impression. L'utilisateur a deux choix :

- soit il valide l'impression et le document est envoyé à l'imprimante ;
- soit il sélectionne un service PDF pour effectuer un traitement du fichier.

Les services PDF sont des petites applications, des scripts ou des processus Automator, qui acceptent en entrée un PDF pour lui appliquer un traitement.

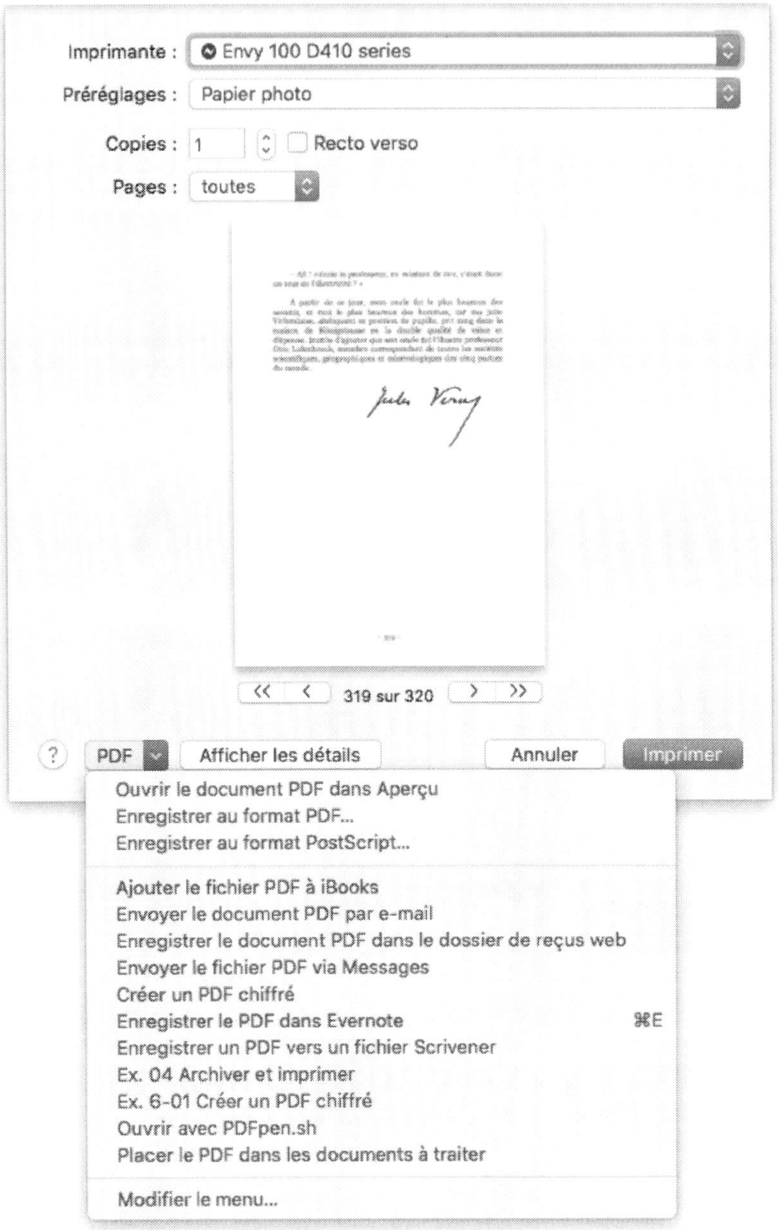

Illustration 89: Le menu des services PDF

Le dialogue d'impression, autant dans sa vue compacte ou détaillée, permet de rediriger votre document vers un service PDF.

Vous pouvez trouver, par exemple, des modules :

- pour envoyer un PDF par email, sous la forme d'une pièce jointe ;

- pour ajouter un PDF à l'application iBooks ;
- pour créer une note Evernote en lui joignant le PDF.

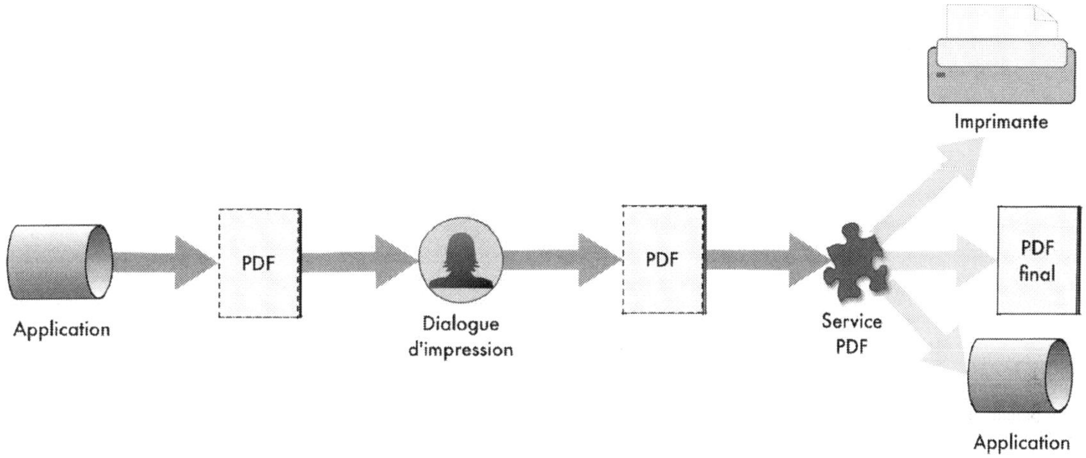

Illustration 90: Les services PDF en action

Les services PDF s'intercalent dans le flot d'impressions pour traiter les documents produits et éventuellement les transmettre à d'autres applications ou une imprimante spécifique.

Mais l'intérêt des services PDF est de vous permettre de créer vos propres extensions. Pour ma part, je me suis, par exemple, construit un service PDF qui me permet d'enregistrer le PDF dans un dossier d'archive tout en l'envoyant à l'imprimante.

On imagine facilement l'intérêt d'un tel outil dans un environnement professionnel.

Pourtant, il est tout à fait envisageable d'utiliser cette fonction dans le cadre d'une utilisation personnelle. Je pense tout particulièrement à une solution pour archiver vos PDF dans une application de gestion de document, comme Evernote.

4.1.2 Où sont-ils ?

Comme je vous l'ai dit, les services PDF sont de simples applications. Pour être retrouvées par le système elles doivent être enregistrées dans un dossier bien particulier :

- partagés entre utilisateurs :
  « */Library/PDF Services* »
- vos processus personnels :
  « */Users/UTILISATEUR/Library/PDF Services* »

Tous les services sont affichés dans le dialogue d'impression. Il vous suffit de sélectionner le service à utiliser en le sélectionnant dans le menu qui est accessible à partir du bouton « *PDF* » situé en bas à gauche de cette feuille de dialogue.

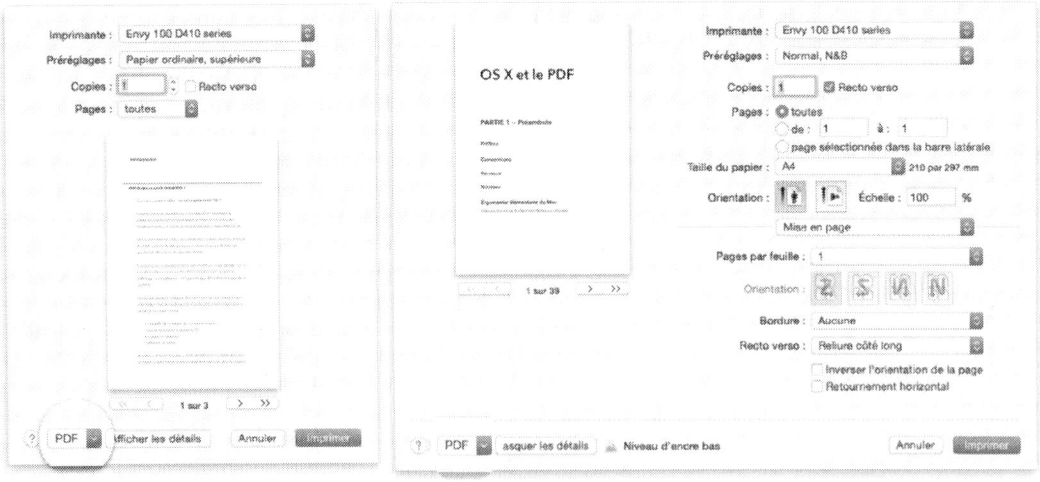

Illustration 91: Position du menu des services PDF

Dans les vues détaillées ou compacte du dialogue d'impression, vous trouverez le menu des services PDF en bas à gauche du dialogue.

4.1.3 Comment en ajouter ?

Vous avez la possibilité de créer vos propres services, par exemple avec Automator. Internet est aussi une source possible pour trouver des services PDF utiles que vous pourrez facilement installer après les avoir téléchargés.

Lorsque vous installez un service créé avec Automator et que vous chercherez à l'exécuter, le système vous demandera quel type d'installation vous souhaitez :

1. Vous pouvez directement lancer l'installation du service. Il est aussi possible d'ouvrir le processus avec Automator pour en consulter le contenu. Et je vous conseille de toujours de passer par cette étape, on ne sais jamais ce qu'on peut télécharger.
2. si vous choisissez l'installation, le processus sera copié dans votre dossier personnel des services PDF. Il n'est alors utilisable que par vous.

Si vous souhaitez que tous les utilisateurs du Mac puissent utiliser ce nouveau service, il vous faudra le déplacer de votre dossier personnel vers le dossier partagé dont le chemin est indiqué dans le paragraphe précédent.

Certains logiciels vont ajouter automatiquement de nouveaux services. C'est le cas d'Evernote ou de PDFPen.

C'est une chose de pouvoir installer de nouveaux services et de profiter de fonctionnalités offertes par des logiciels, mais dans la section suivante nous allons rapidement voir comment Automator peut être utilisée pour créer vos propres services.

4.2 Automator et le PDF

Si les services PDF vous intéressent, alors Automator *sera certainement une application qui attirera votre attention. C'est une des solutions les plus simples à prendre en main pour construire des traitements automatiques, et notamment des modules d'impression.*

4.2.1 Qu'est-ce qu'Automator ?

Ce livre n'a pas pour objectif d'être une introduction à Automator. Encore moins un manuel de référence. Si le sujet vous intéresse, je vous invite à consulter mon livre « *Automatisez sous Mac* » disponible sur la boutique iBooks.

Illustration 92: Le livre Automatisez sous Mac...

http://www.automatisez.net/?pages/livre

Je vais donc essayer de vous donner une vision d'ensemble de cet outil et de ses possibilités pour ce qui concerne le traitement des PDF.

Si vous venez du monde Windows, vous connaissez peut-être *Visual Basic*, le langage utilisable pour construire des macros dans la suite Office et d'autres applications.

Si vous êtes un transfuge d'un autre système Unix, vous connaissez probablement au moins un langage de script *Shell*. Ces langages de commande qui permettent souvent de réaliser des tâches, des plus simples aux plus complexes.

Si, enfin, vous êtes un routard du Mac, vous avez probablement déjà entendu parler d'*AppleScript* : le langage d'Apple qui permet de piloter et faire communiquer les logiciels de votre Mac.

Tous ces langages ont un seul objectif : celui de vous aider à automatiser des actions répétitives en formalisant à la fois le pilotage automatique des logiciels et les échanges interapplications.

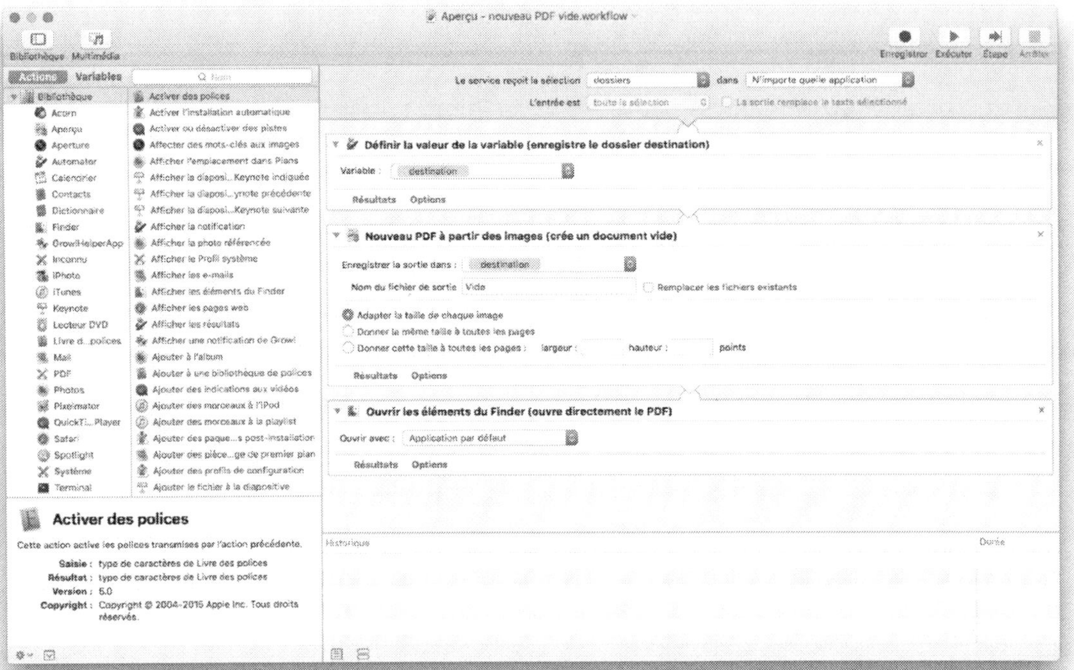

Illustration 93: L'interface d'Automator

La fenêtre d'Automator se divise en deux parties avec d'une part la barre latérale qui contient les actions et la partie droite qui contient l'éditeur. À cela s'ajoutent la barre d'outils et, sous l'éditeur, le volet du journal d'exécution et des variables du processus.

Automator vous propose d'assembler une cascade d'actions, chacune étant alimentée par le résultat de la précédente. Ce scénario linéaire garantit une simplicité des processus et leur lisibilité.

Automator s'inscrit dans cette lignée, mais d'une façon plus simple et visuelle.

Sous le terme d'*Automator*, on retrouve en gros deux composants :

1. une application pour construire et éditer des processus ;
2. un moteur qui permet de dérouler ces processus.

Chaque processus est construit comme un enchainement, d'actions. Comme pour une chaine d'assemblage en usine, chaque action produit un résultat qui va être utilisé par l'action suivante, jusqu'à la fin de la chaine.

Cette séquence d'actions constitue un processus. Il en existe différents types et chacun est dédié à un type d'utilisation bien spécifique. Nous avons déjà parlé des services PDF. Vous pouvez en écrire un vous-même en créant un *module d'impression* dans Automator.

Mais vous pouvez aussi créer des applications autonomes ou des actions de dossier qui fonctionneront un peu comme Hazel. Automator sait aussi créer des services, des actions déclenchées par la voix, des alarmes de calendrier, ou des modules pour le transfert d'images.

Les actions peuvent être fournies directement par le moteur d'Automator, comme la gestion de variable ou les fonctions d'interactivité. Mais la force de cet outil viens de l'extérieur, car chaque application peut proposer de nouvelles actions :

- Prizmo pro permet d'appliquer un OCR à un document dans une action ;
- Calendrier permet de chercher dans vos agendas ou de créer des rendez-vous ;
- Finder propose tout un panel d'actions pour manipuler et gérer vos fichiers ;
- Mail offre des actions pour envoyer des messages, ou manipuler les pièces jointes ;
- Safari peut être contrôlé pour ouvrir des pages ou en extraire du contenu.

Il n'y a pas d'autre limite que celle posée par les développeurs de logiciels.

En ce qui concerne le traitement des PDF vous aurez le plus souvent à créer :

- des modules d'impression ;
- des services, capables par exemple d'appliquer une transformation à un fichier à partir du Finder ;
- des processus simples ou des applications pour construire des traitements autonomes.

Les actions de dossier peuvent être utilisées pour reproduire un fonctionnement similaire à Hazel, mais de façon plus sommaire.

4.2.2 Quelles sont les actions disponibles ?

Dans OS X Yosemite, *Automator* propose un ensemble de seize actions dédiées au traitement des PDF :

- l'ajout d'une grille à un PDF ;
- l'application d'un filtre Quartz[12] à un PDF ;
- le chiffrement de document pour sécuriser l'accès par un mot de passe ;
- la combinaison des pages de plusieurs documents en un seul ;
- la compression d'un PDF pour réduire sa taille de fichier ;

12. Quartz est le nom du moteur graphique d'OS X. Il intègre des filtres de traitement d'images comme le passage en noir et blanc ou la compression.

- la modification des métadonnées d'un PDF pour changer le titre, l'auteur, le copyright, le sujet ou les mots clés ;
- l'extraction des métadonnées d'un PDF dont le titre, l'auteur, le copyright, le sujet ou les mots clés ;
- l'extraction du texte, si un OCR a été appliqué ;
- l'extraction des annotations, utile pour construire un résumé de vos notes de lecture ;
- l'ajout de filigrane pour marquer vos documents d'un logo ou d'une manière « brouillon » ;
- la création d'un PDF en assemblant des images ;
- la création d'un document « planche contact », utile pour fournir un aperçu en vignettes d'un document ;
- la recherche de PDF avec Spotlight ;
- le changement de nom du fichier PDF ;

– la scission d'un PDF en le découpant en autant de fichiers qu'il contient de pages.

Vous n'aurez probablement pas besoin de toutes ces actions. Mais il est possible qu'il vous soit utile d'en ajouter d'autres.

Certaines actions permettent de stocker un résultat. D'autres permettent de le récupérer. Certaines, enfin, laissent un contrôle limité à l'utilisateur en introduisant de l'interactivité à vos processus.

Dans le paragraphe suivant, nous allons faire un tour rapide d'un processus simple pour lever le voile sur les possibilités d'Automator.

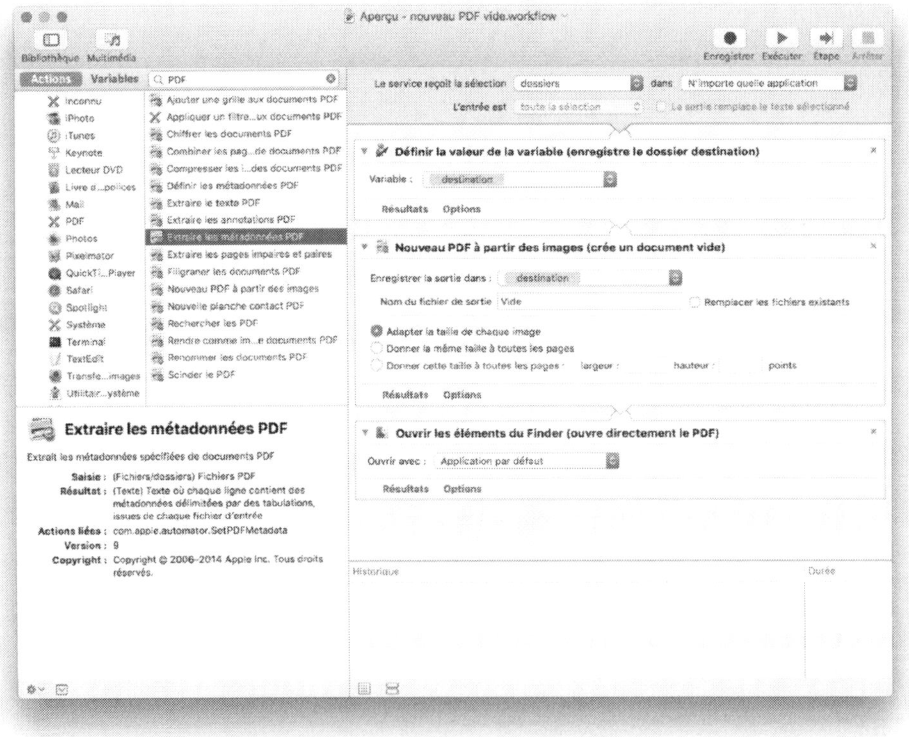

Illustration 94: Les actions sur le PDF

Une recherche sur le mot clé « PDF » vous donnera toutes les actions disponibles pour manipuler du PDF au travers d'Automator.

4.2.3 Fusionner des PDF dans un document chiffré

Je vais vous montrer un exemple simple de processus *Automator* pour manipuler des PDF.

Je vais vous expliquer comment fusionner plusieurs PDF pour tout regrouper dans un document unique qui sera protégé par un mot de passe.

Cet exemple vous permettre d'aborder les notions suivantes :

- la construction d'un processus simple ;
- l'utilisation d'interactions simples ;
- la manipulation de PDF avec Automator en utilisant les fonctions de fusion et de chiffrement.

4.2.3.1 Création du processus

Commencez par lancer l'application *Automator* à partir du dossier Applications du Mac ou du *Launchpad* :

1. un dialogue s'affiche au lancement pour vous demander quel type de processus vous souhaitez créer ;
2. cliquez sur la première icône, celle d'un processus simple ;
3. l'éditeur de processus va alors s'afficher.

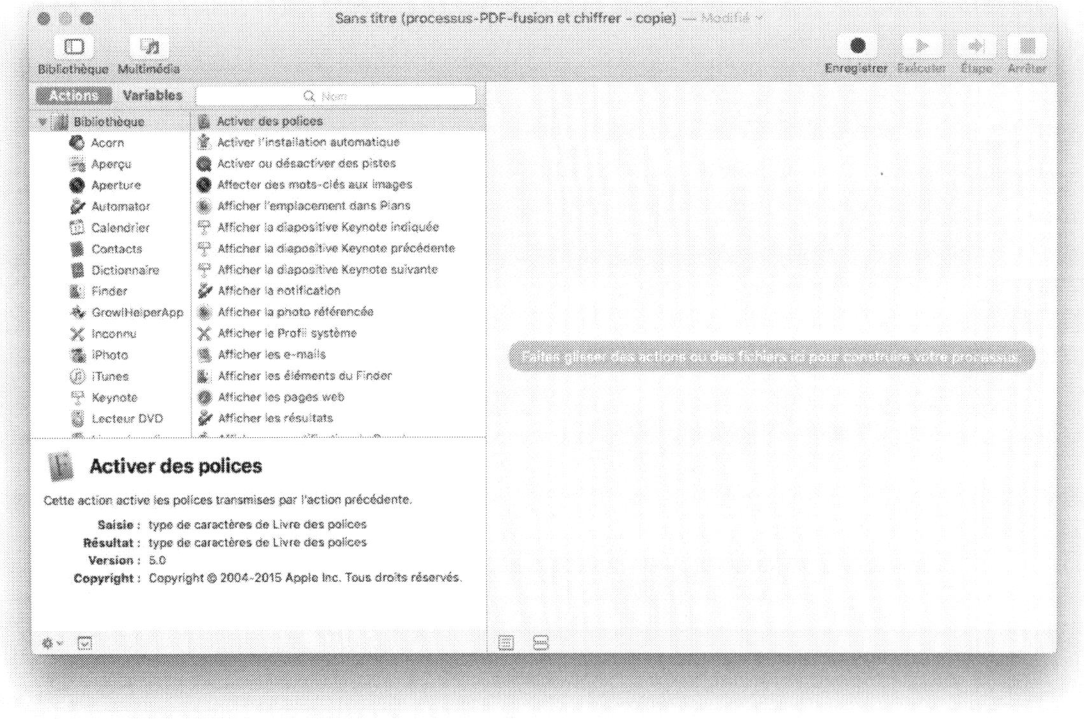

Illustration 95: Le processus vide

L'éditeur vide dans votre nouveau processus Automator.

Dans un premier temps, il faut commencer par sélectionner les fichiers à fusionner :

1. si la bibliothèque des actions n'est pas affichée à gauche, affichez-la en cliquant sur son icône dans la barre des outils ;
2. dans la bibliothèque d'actions, cherchez celle qui s'appelle « *demander des éléments du Finder* » ;
3. faites glisser l'action de la bibliothèque à gauche vers la zone d'édition du processus à droite ;
4. une boite qui représente l'action s'affiche ;
5. modifiez l'invite en mettant un message comme « *choisir les PDF à fusionner :* » ;

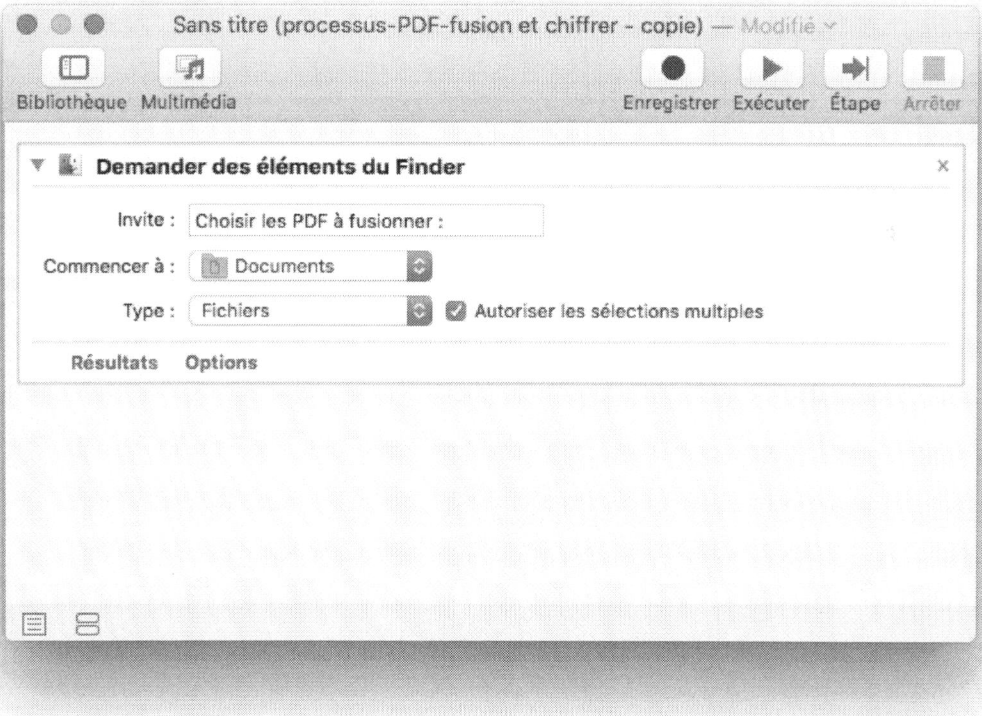

Illustration 96: Étape 2

Une première action pour demander des PDF à l'utilisateur.

6. vous pouvez aussi modifier le dossier initial en sélectionnant « *Documents* » pour l'option « *commencer à* » ;
7. le plus important est de limiter la sélection aux seuls fichiers et de cocher l'option qui permettra de sélectionner plusieurs éléments.

Dans un second temps, votre processus doit s'assurer qu'il ne traite que des fichiers PDF :

1 chercher l'action « *filtrer les éléments du Finder* » ;

2 ajoutez cette action à votre processus en la glissant dans la zone d'édition ;

3 pour le filtrage, sélectionnez « *le type* » comme critère, la condition doit être « *est* » et enfin la valeur à retenir est évidemment « *PDF* ».

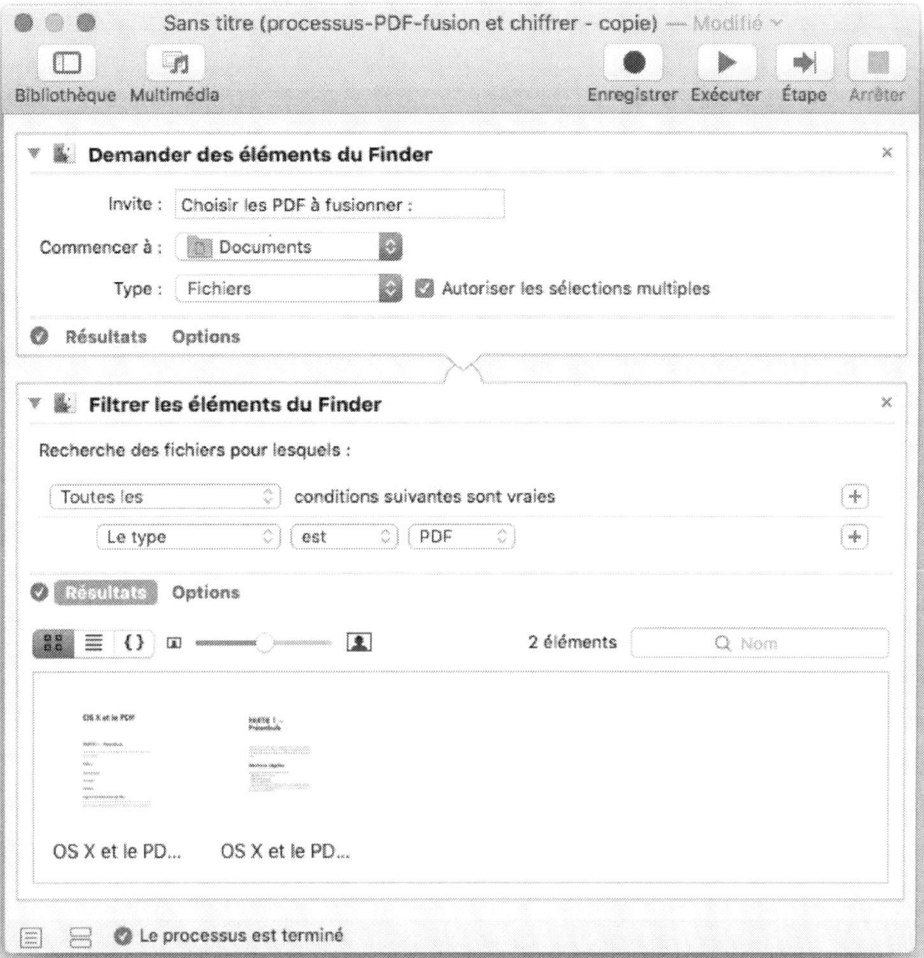

Illustration 97: Étape 3

Une action pour ne retenir que les PDF dans la suite du traitement.

Vous pouvez maintenant exécuter votre processus en cliquant sur le bouton « *exécuter* » de la barre d'outils. Vérifiez que le résultat du processus se limite bien à une liste de fichiers au format PDF. Pour cela, pensez à cliquer sur le bouton « *résultat* » en bas de l'action pour voir le contenu.

4.2.3.2 Fusion des documents

Vous pouvez maintenant traiter l'ensemble des documents pour les mélanger.

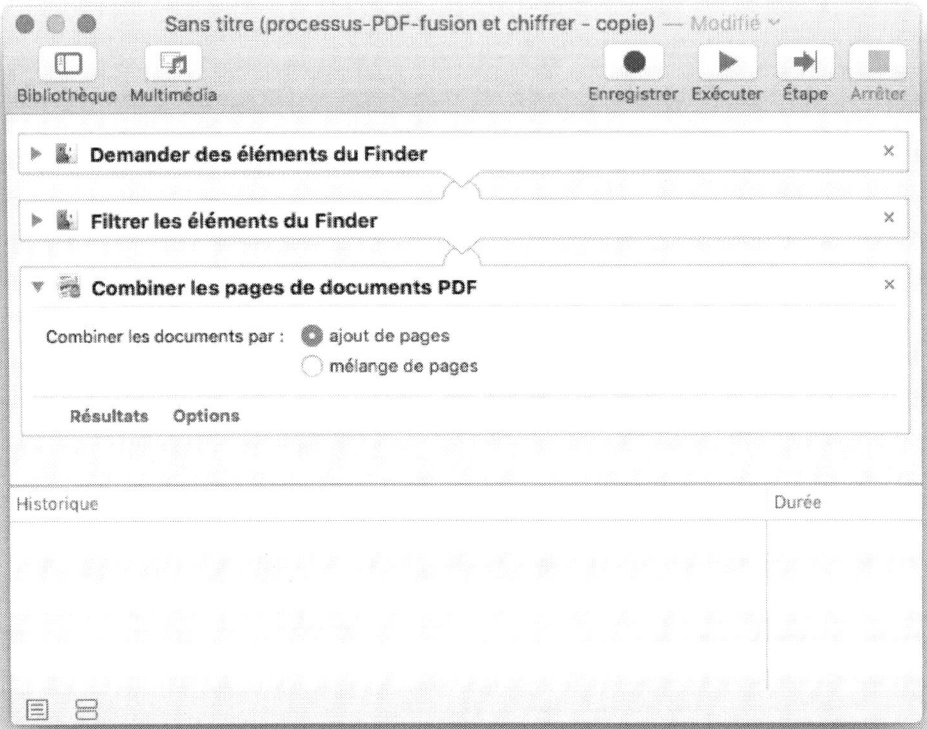

Illustration 98: Étape 4

Les PDF peuvent maintenant être regroupés en un seul document.

Il vous suffit d'ajouter l'action « *combiner les pages de documents PDF* » à votre processus : assurez-vous que l'option « *ajout de pages* » est bien le comportement sélectionné.

Si vous exécutez maintenant votre processus, vous obtiendrez bien un nouveau PDF. Cependant, celui-ci est stocké dans un espace temporaire.

Nous allons maintenant changer le nom du fichier et le déplacer sur votre bureau :

1. ajoutez l'action « *renommer les éléments du Finder* » ;
2. une feuille de dialogue vous indique que le fichier original sera modifié : vous devez choisir entre modifier l'original ou en faire une copie ;
3. choisissez de modifier directement le fichier original ;
4. dans la première option, sélectionnez la valeur « *nommer un seul élément* » dans la liste ;
5. la liste des options est alors modifiée et ne propose plus que le nom ;
6. sélectionnez la valeur « *nom de base seulement* » ;
7. entrez la valeur « *PDF-chiffré* » dans la zone de texte.

Le fichier PDF a bien un nouveau nom, mais il faut encore le sortir du dossier temporaire :

1. pour le déplacer, ajoutez maintenant l'action « *déplacer les éléments du Finder* » ;
2. sélectionnez, si ce n'est pas déjà fait, la valeur « *bureau* » comme dossier de destination ;
3. inutile de cocher l'option « *remplacer les fichiers existants* ».

Illustration 99: Étape 5

Le fichier produit est déplacé et renommé.

Exécutez maintenant votre processus. À la fin de l'exécution, vous devriez voir votre nouveau PDF posé sur le bureau.

Il ne reste plus qu'une étape pour protéger le document des yeux indiscrets en ajoutant un mot de passe.

4.2.3.3 Ajout du chiffrement

Pour ajouter un mot de passe et protéger l'accès à votre fichier, une seule action suffit.

Ajoutez maintenant l'action « *chiffrer les documents PDF* » :

1 la boite d'action présente un avertissement à l'utilisateur ;

2 vous pourriez préciser dès maintenant le mot de passe à utiliser, ne le faites pas ;

3 cliquez maintenant sur le petit bouton « *options* » en bas de la boite de l'action ;

4 quelques options, communes à toutes les actions, s'affichent ;

1 cochez la case « *afficher cette action si le processus est exécuté* ».

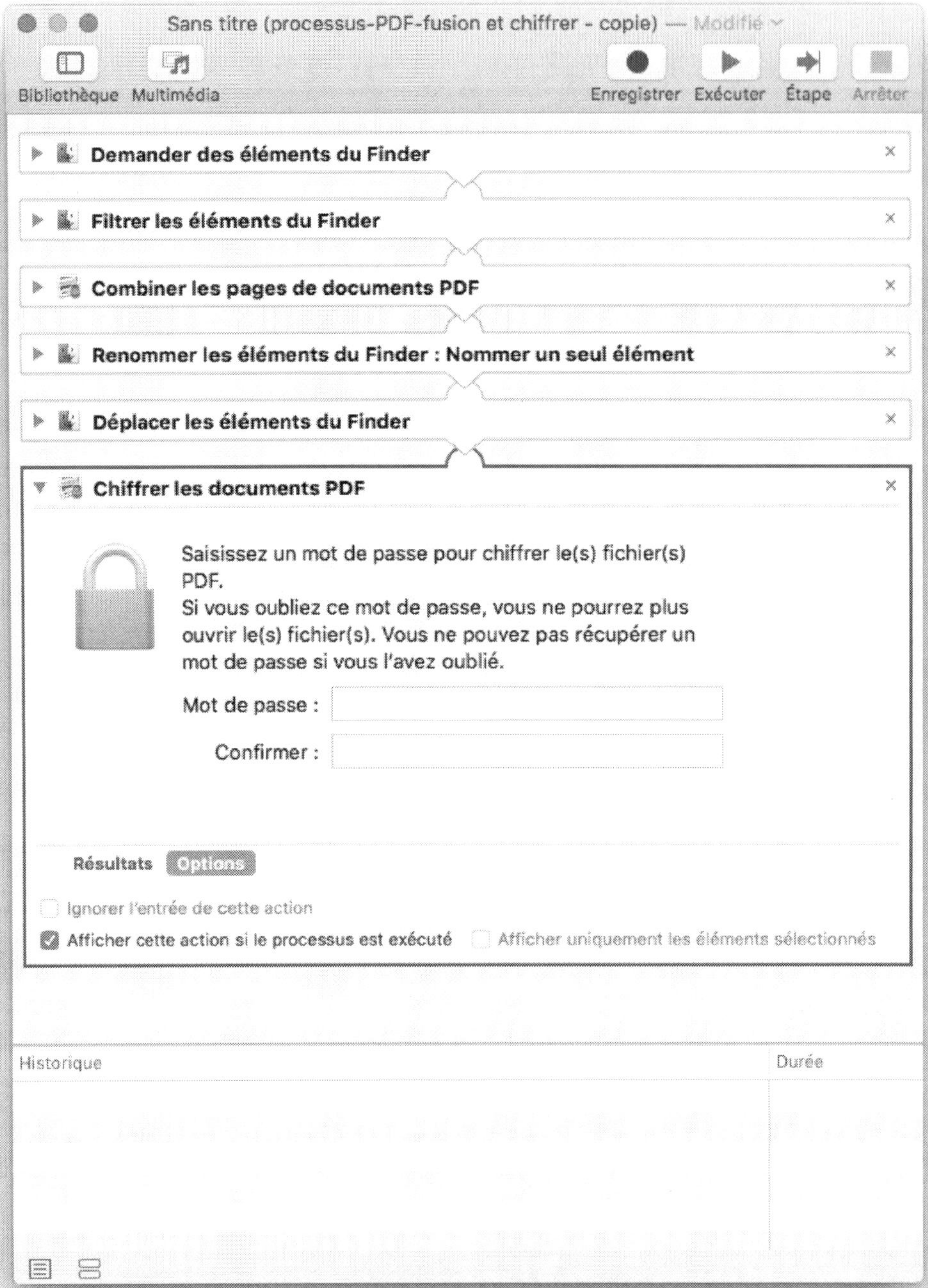

Illustration 100: Étape 6

Le chiffrement du fichier et sa protection par un mot de passe se fait en dernier. Notez que pour cette action, une action de l'utilisateur est demandé en cochant une option spécifique sur l'action.

Cette dernière option permet d'indiquer que la boite des options de l'action sera affichée à l'utilisateur lorsque l'action sera exécutée. C'est donc au moment du déroulement du processus que le mot de passe sera demandé.

4.2.3.4 Conclusion

Vous avez construit un petit programme simple. Vous pouvez le conserver et l'utiliser quand bon vous semble.

Le processus que vous avez construit est plutôt évident et vous pourriez l'améliorer de différentes façons. À titre d'exercice, je vous encourage à essayer de transformer le processus en service. Ceci pour vous permettre d'utiliser directement le processus à partir d'un clic droit dans le Finder.

Si vous souhaitez aller vraiment plus loin avec Automator, je vous renvoie vers le site *Automatisez.net* et mon livre « *Automatisez sous Mac* ».

http://www.automatisez.net/

http://www.automatisez.net/?post/2015/11/08/regrouper-et-chiffrer-des-PDF

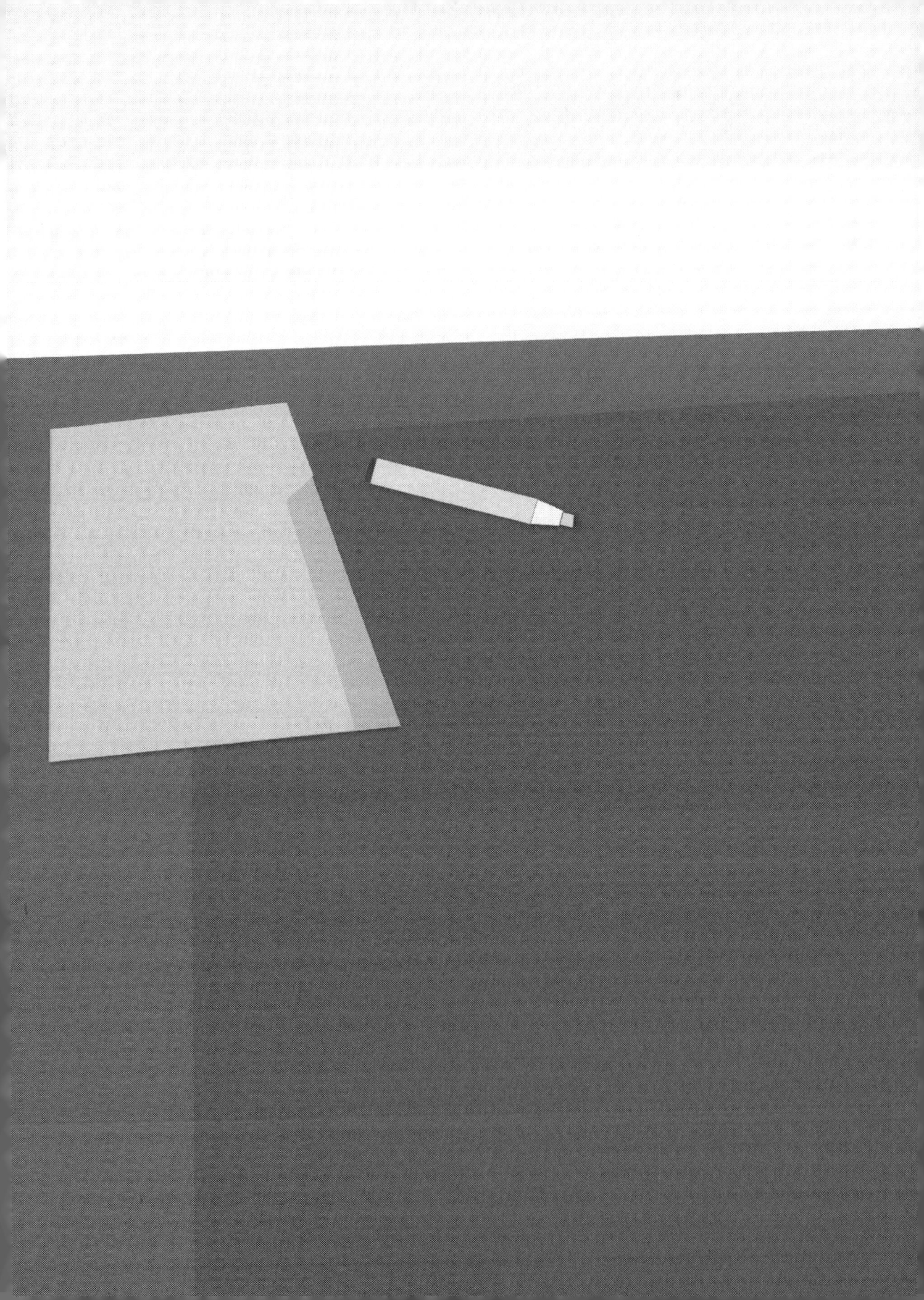

5 Quelques Applications tierces

Ce chapitre change d'horizon et survole les fonctionnalités de quelques applications tierces.

Dans ce chapitre je vais sortir du périmètre proposé en standard par OS X. Je souhaite vous présenter quelques outils qui peuvent compléter certaines lacunes des outils proposés par OS X.

Je ne vais pas écrire un manuel exhaustif pour chacune de ces applications. Chaque section est consacrée à une application particulière. Lorsque OS X ne sait pas réaliser une tâche, ces applications peuvent vous aider. Je vous montrerais donc brièvement comment.

Nous allons faire un tour d'horizon ensemble d'un périphérique très utile et de trois applications :

- l'acquisition de document avec un scanneur : un ScanSnap Fujitsu ;
- la reconnaissance de texte avec un logiciel OCR : Prizmo ;
- une alternative à la liseuse d'OS X : PDF Pen ;
- une solution de gestion de documents : Evernote.

5.1 Utiliser un scanneur

J'ai un peu hésité avant d'ajouter cette section, mais l'utilisation de mon scanneur est devenue une part importante de mes activités de numérisation. Ne perdez donc pas de vue que je décris une solution matérielle et logicielle que j'utilise personnellement. Cela ne veut pas dire que d'autres solutions sont moins pratiques ou moins bien adaptées. Je me limite à ce que je connais.

5.1.1 Présentation du ScanSnap

Après de nombreuses écoutes du podcast *Mac Power User* j'ai fini par craquer pour un scanneur *Fujitsu ScanSnap 1300*. Pourquoi ne pas me contenter du scanneur de mon imprimante multifonction ? La raison est simple : le gain de temps lorsque je dois traiter de nombreux documents simultanément est plutôt important.

Illustration 101: ScanSnap replié

Illustration 102: ScanSnap ouvert

Illustration 103: ScanSnap numérisation en cours

Dans la gamme ScanSnap c'est le modèle de milieu de gamme, entre une version très compacte et portable et la version du bureau plus importante, mais compatible WiFi et disposant d'un chargeur de plus grande capacité.

Il propose presque tout ce dont j'avais besoin dans un tarif compatible avec mon budget du moment :

- il numérise recto verso ce qui représente un gain de temps incroyable ;
- son chargeur n'est pas très important, mais il suffit à mes besoins ;
- l'encombrement est minime et il peut se replier pour se ranger ;
- l'alimentation par USB, 2 prises requises, permet de travailler en mobilité en cas de besoins ;
- il est fourni avec une suite logicielle qui m'a permis de simplifier mon processus de travail.

La numérisation se déclenche d'une simple pression sur le bouton du scanneur. Difficile de faire plus simple.

Pour moi, il ne lui manque qu'une seule chose : être accessible en WiFi. Mais pour cela, il aurait fallu investir un peu plus et aller vers le modèle du dessus.

http://www.relay.fm/mpu

http://www.fujitsu.com/fr/products/computing/peripheral/scanners/

5.1.2 Logiciels fournis

Le scanneur est fourni avec une série de logiciels. Le plus important est certainement son pilote qui prend en charge la communication entre ordinateur et matériel. Car oui, les ScanSnap ne sont pas reconnus directement par OS X.

Ce pilote est également fourni avec des modules qui permettent d'envoyer le résultat numérisé dans des applications tierces comme Evernote, GoogleDrive, DropBox ou Microsoft Office.

Le logiciel de numérisation intègre directement la solution de reconnaissance de caractères *ABBYY*. Son utilisation est optionnelle, mais en ajoutant la phase de reconnaissance on obtient un PDF indexé qui contient un équivalent en texte de l'image des pages.

http://france.abbyy.com

5.1.3 Processus de numérisation

Le logiciel de numérisation est lancé automatiquement et s'active dès que le scanneur est branché et ouvert.

Un simple clic sur l'icône de Scansnap Manager dans le Dock permet de sélectionner le mode de numérisation à utiliser.

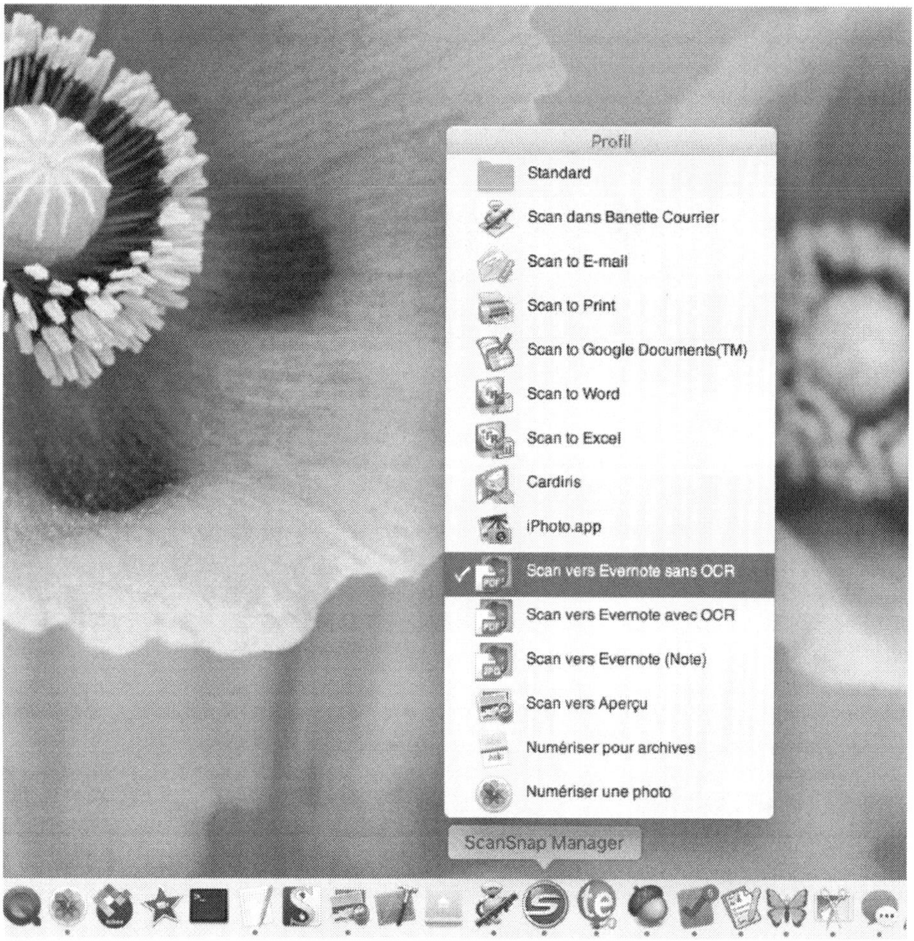

Illustration 104: ScanSnap Manager, menu des profils

Sélectionnez d'un clic le profil de numérisation à utiliser avec votre scanneur. Il sera déclenché d'une pression sur le bouton du ScanSnap.

Chaque profil correspond à une configuration de numérisation ainsi que les traitements à appliquer pour reconnaitre le texte et enfin la destination pour l'enregistrement du document final.

Rien de plus simple pour alterner entre un profil « *scanner vers Evernote* » et un profil « *ouvrir dans Aperçu* ». Et pourquoi ne pas configurer un profil « *lancer une photocopie* » pour imprimer immédiatement et simuler une photocopieuse ?

Une fois que vous aurez décidé de quelle façon travailler, ce système de profils permet de rapidement basculer d'un mode de travail à un autre. Une simple pression sur le bouton du scanneur et il va avaler les pages placées dans le chargeur, effectuer le traitement de reconnaissance s'il est activé pour enfin envoyer le PDF dans une application particulière, ou simplement dans un dossier de tri.

5.1.4 Configurer la reconnaissance de texte dans un profil

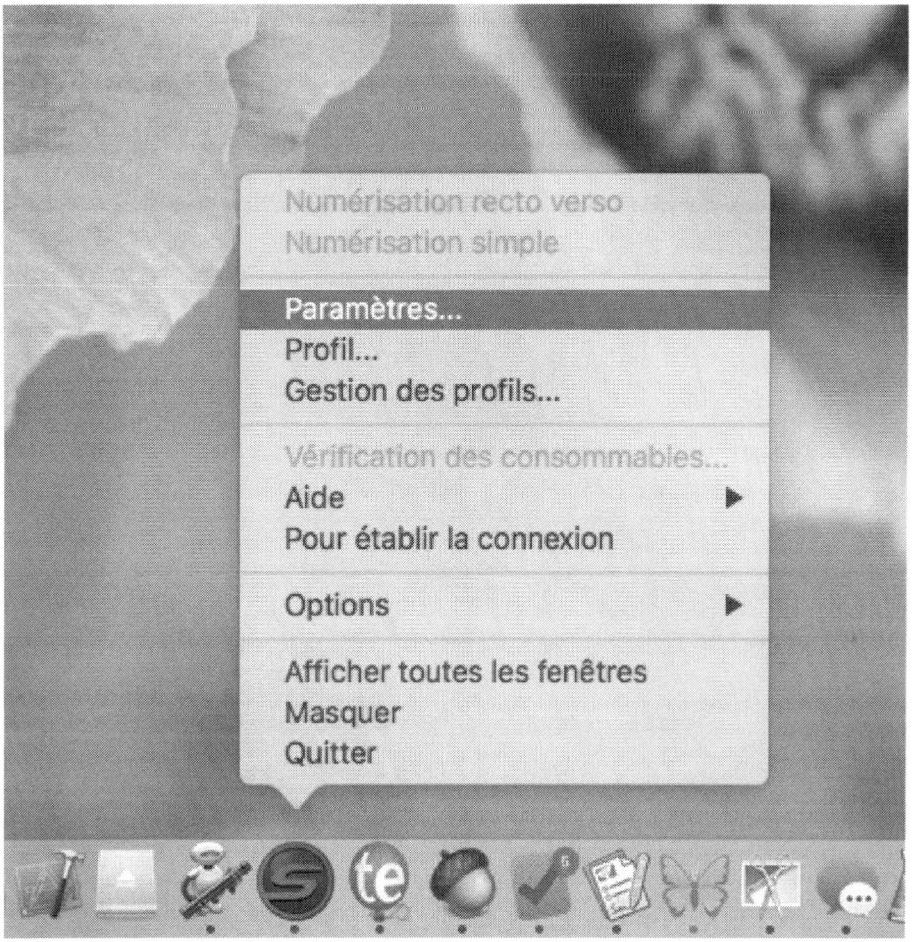

Illustration 105Accès aux définitions des profils

Lorsque vous créez un profil de numérisation pour l'application ScanSnap Manager vous pouvez déclencher la reconnaissance de texte :

1. ouvrez la gestion des profils d'un clic secondaire sur l'icône de ScanSnap Manager dans le Dock ;

2. allez dans le profil à modifier ou créez en un nouveau ;
3. dans l'onglet « *fichier* », cochez l'option « *convertir au format PDF indexable* » ;
4. un avertissement vous indique que cela rallonge le temps de numérisation ;
5. une fois l'option cochée, vous aurez de nouvelles options pour l'OCR qui précisent quelle sera la langue à identifier ainsi que les pages à traiter.

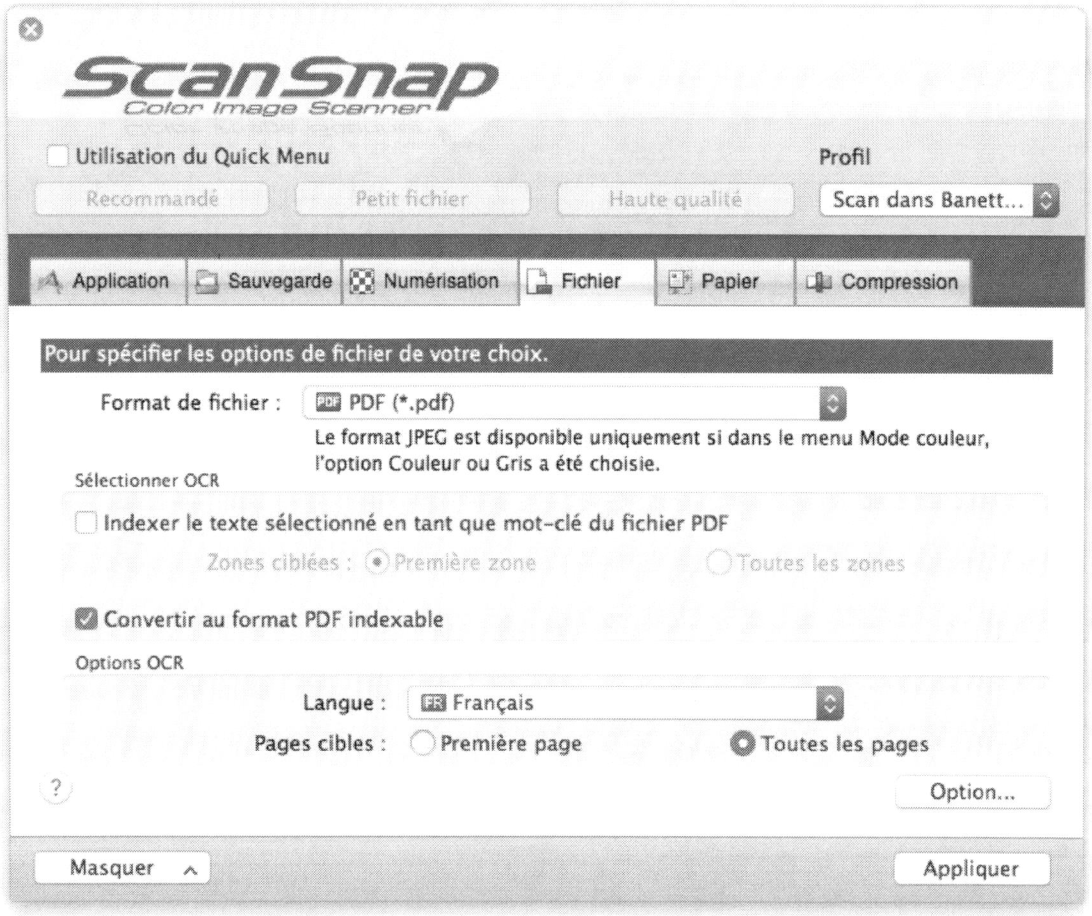

Illustration 106: Les réglages d'analyse de texte

Astuce : Si vous voulez gagner du temps, il est possible de vous limiter à reconnaitre le texte uniquement sur la première page. Mais cela vous empêchera de faire des recherches sur les autres pages. Utilisez donc cette option en connaissance de cause.

Maintenant, lorsque vous numériserez un fichier il sera transformé en image puis le moteur de reconnaissance de texte va analyser celle-ci pour juxtaposer image et texte dans le document PDF produit.

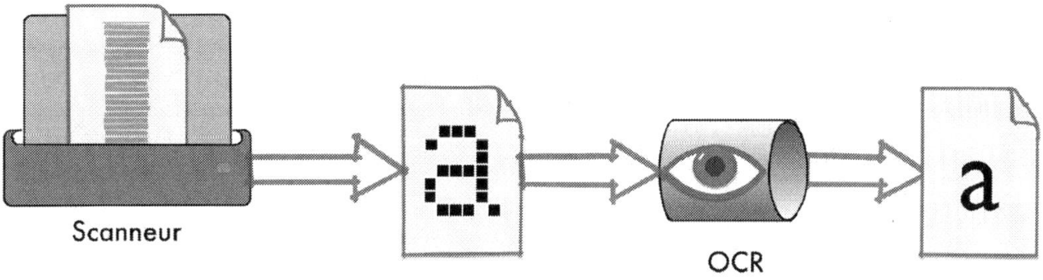

Illustration 107: Enchainement de l'OCR après la numérisation

Le logiciel du ScanSnap permet d'enchainer la phase OCR directement après la numérisation du document.

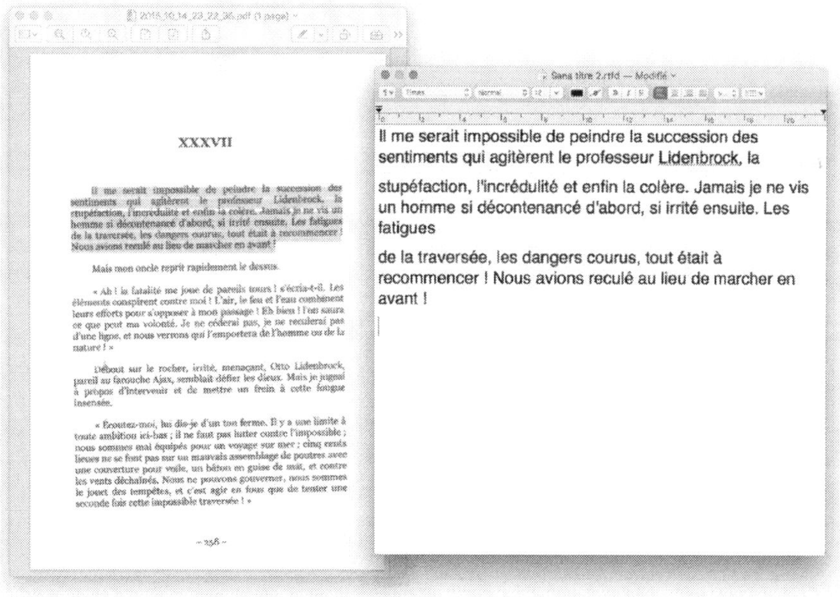

Illustration 108: Résultat d'une OCR

Le document numérisé à gauche et une partie du texte copiée dans TextEdit dans la fenêtre de droite.

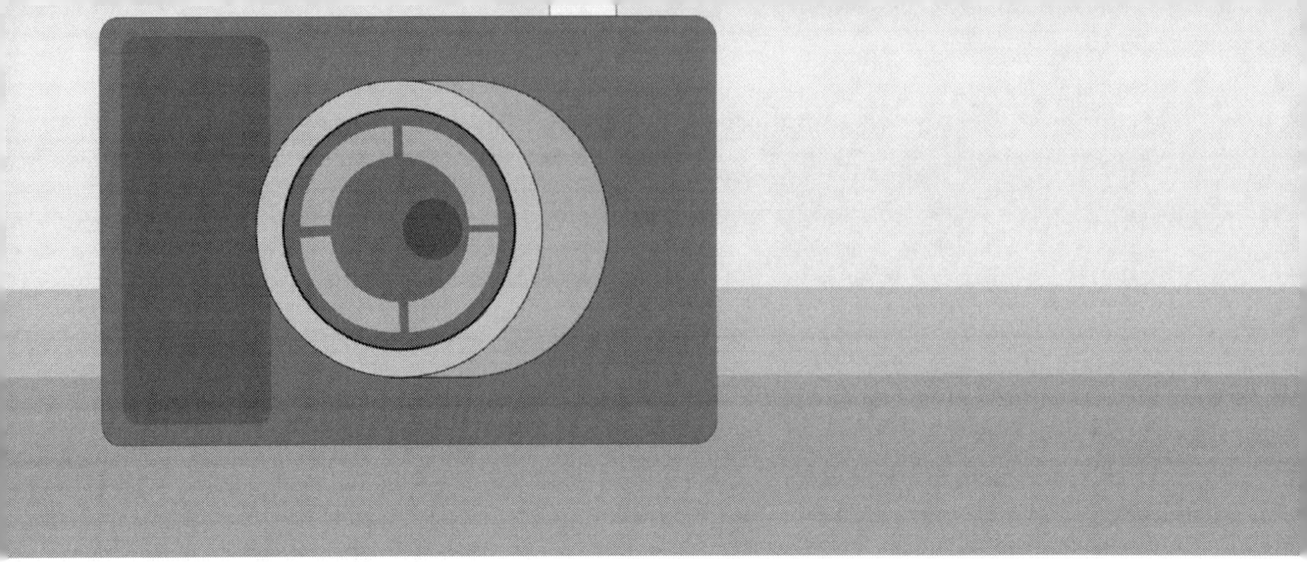

5.2 Prizmo

Prizmo *est un logiciel de traitement d'images. Il intègre en particulier des outils d'acquisitions ainsi qu'un moteur de reconnaissance de texte. Vous pouvez l'utiliser seul ou comme une brique de votre chaine de production de documents.*

Avertissement :	Je n'utilise pas personnellement l'application Prizmo. Je vous la présente car elle complète bien l'application mobile et pourrait vous intéresser si vous n'avez pas de solution OCR avec votre scanneur.

5.2.1 Quelle place pour Prizmo ?

Lorsque vous lancez l'application Prizmo, vous devez créer un document dans son format. L'application ne sait pas ouvrir directement un fichier PDF.

Illustration 109: Prizmo, l'interface

Un document *Prizmo* dans l'étape de préparation du document.

Une fois que vous aurez un document au format *Prizmo*, il est possible de lui ajouter des PDF pour les faire traiter.

Vous avez différentes possibilités pour l'utilisation de Prizmo :

- l'utiliser comme une application autonome et lui faire traiter vos photos ou vos PDF de façon manuelle ;
- l'utiliser comme un moyen de numériser en utilisant votre scanneur[13] ;
- l'utiliser comme destination d'un logiciel de numérisation, comme celui utilisé pour les ScanSnap Fujitsu ;
- intégrer la reconnaissance de texte dans un processus Automator[14].

Bien que Prizmo ne soit pas capable de numériser à partir d'un scanneur de la famille ScanSnap, il est tout à fait possible de faire l'inverse. Vous pouvez créer un profil de numérisation qui enverra le fichier numérisé à Prizmo pour réaliser la reconnaissance de texte, puis l'exportation.

Encore mieux, vous pouvez créer un processus Automator qui prendra en charge cette étape et rendra votre flux de traitement encore plus fluide.

http://www.creaceed.com/fr/prizmo

13. Prizmo ne sait parler qu'avec les scanneurs reconnus directement par toutes les applications OS X. Ceux, comme les ScanSnap Fujitsu, qui requièrent un logiciel spécifique, ne sont pas utilisables directement.

14. L'action Automator n'est disponible qu'avec la version « pro » du logiciel Prizmo.

5.2.2 Numériser sans scanneur

La force de ce logiciel est de ne pas dépendre d'un scanneur. Vous pouvez ainsi l'alimenter avec vos photos, qu'elles aient été prises avec un téléphone portable ou un appareil photo reflex.

Rien de plus simple que de photographier un document imprimé pour le traiter ensuite dans Prizmo. Cependant, n'espérez pas reconnaitre des écritures manuscrites, seuls les caractères imprimés sont reconnus.

En revanche, Prizmo est une solution très simple pour corriger les soucis de perspective sur la photographie d'un tableau.

5.2.3 Passer de l'image au texte

Lorsque vous lancez la reconnaissance de texte, Prizmo essaye de déterminer les espaces qui contiennent du texte. Ils seront affichés sous la forme de petites zones numérotées dans votre image du texte.

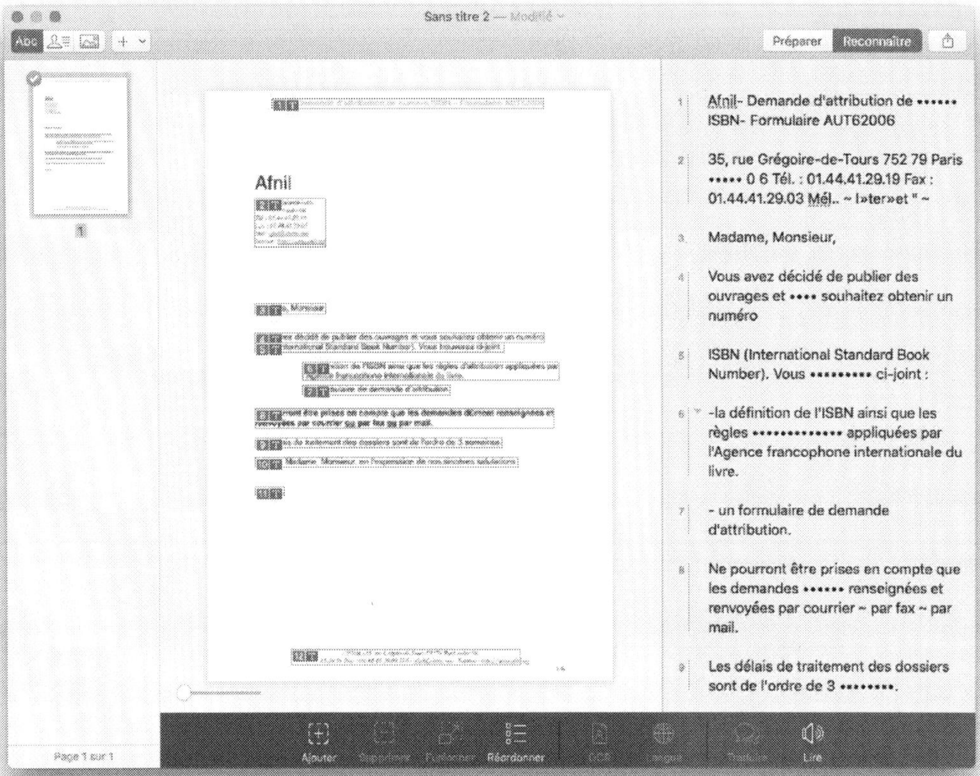

Illustration 110: Prizmo, l'OCR en action

Le même document après la phase de reconnaissance. Remarquez que vous pouvez réordonner les blocs de texte pour coller à la mise en page du document.

Vous avez la possibilité de corriger ces zones en en supprimant ou en ajoutant une. Il est aussi possible d'en changer l'ordre pour vous adapter à toutes les mises en page.

Une fonction très intéressante est la possibilité d'intégrer dans le texte les images du document. Vous pourrez les récupérer dans un document au format RTFD, lisible dans TextEdit.

Aucune exportation vers Word, LibreOffice ou Pages n'est proposé, mais cela est possible à partir de TextEdit.

5.3 Hazel, une trieuse automatique

Hazel *fait maintenant partie de mes outils indispensables. Dès que vous commencerez à numériser vos factures et vos divers courriers, vous verrez que le tri des fichiers prend beaucoup de temps.*

Pourtant vous pourriez utiliser Hazel *pour vous aider et prendre en charge le processus de tri et de dénomination.*

5.3.1 L'idée de la trieuse automatique

La mission d'Hazel est de vous aider à gérer vos fichiers. Son utilisation ne se limite pas seulement aux seuls PDF ni au traitement post-numérisation.

Hazel fonctionne comme une sentinelle. Vous lui indiquez une liste de dossiers à observer, un peu comme lorsqu'on utilise les actions de dossiers avec Automator ou *AppleScript*.

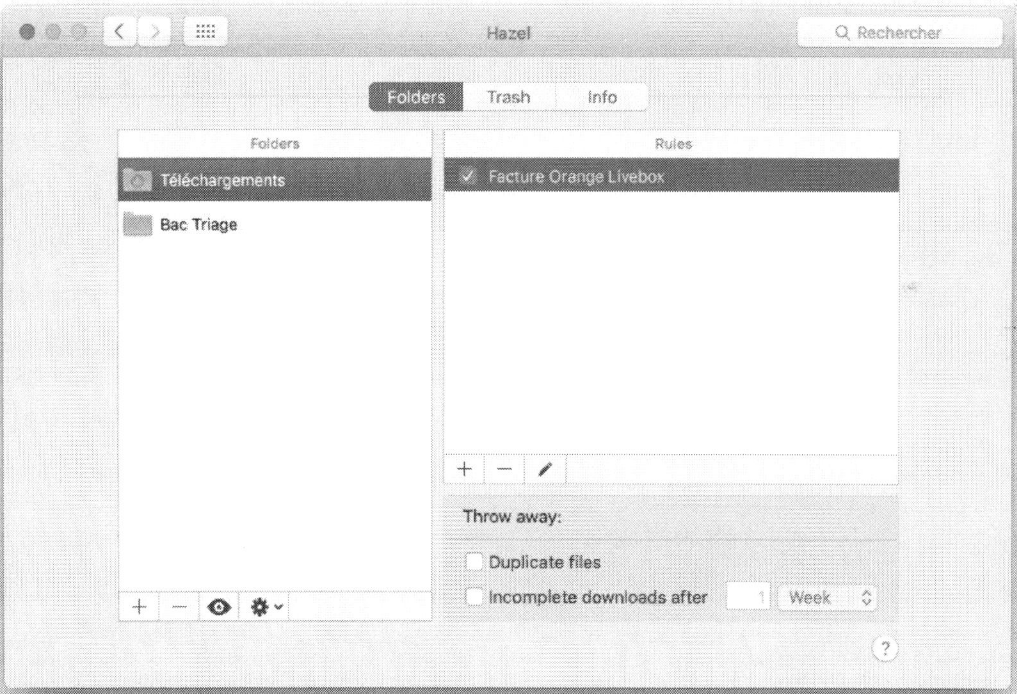

Illustration 111: Hazel, le panneau de préférences

Hazel se présente comme un panneau dans l'application des Préférences Système.

Dans un second temps, vous pouvez spécifier des règles d'identification des différents fichiers. Ces règles s'appliquent sur les propriétés du fichier ou son contenu. Vous comprendrez donc facilement qu'un PDF avec son contenu en texte est largement plus utile dans ce genre d'opérations.

L'application se présente comme un panneau de préférences, dans l'application des Préférences Système.

Sur chaque règle d'identification, vous devez indiquer une liste d'actions à appliquer.

Par exemple, vous pouvez définir une règle comme ceci :

- surveille le dossier des téléchargements ;
- pour chaque fichier JPEG téléchargé depuis plus d'une semaine : ajoute le fichier à l'application Photos et place le fichier téléchargé à la corbeille.

Il devient ainsi relativement simple de trier automatiquement vos documents PDF. Par exemple :

- Lorsque vous téléchargez le PDF d'une de vos factures de fournisseur internet, vous pouvez automatiquement changer son nom à partir de la date de la facture puis importer le document dans une note Evernote.
- Lorsque vous numérisez un document au format PDF en l'enregistrant dans un dossier spécifique, vous pouvez déclencher un traitement de reconnaissance de texte. Pour finir, la règle peut renommer et déplacer le fichier en fonction de son contenu.

Si vous manipulez des PDF téléchargés à partir de services, un outil d'analyse et reconnaissance du texte n'est pas indispensable pour utiliser Hazel.

En revanche, si votre objectif est de numériser beaucoup de documents pour éliminer au maximum le papier, un tel outil sera indispensable pour utiliser au mieux les capacités d'Hazel. Que ce soit un logiciel fourni avec votre scanneur, ou que ce soit une solution indépendante comme Prizmo, je vous conseille fortement l'utilisation de ce genre d'applications.

http://www.noodlesoft.com/hazel.php

5.3.2 Mise en place de règles de tri

Mon objectif n'est pas d'écrire un manuel de référence pour Hazel. Je vais me contenter de vous montrer une simple vue d'ensemble sans trop rentrer dans les détails.

Dans mon exemple, je vais vous montrer comment trier vos factures lorsque vous les téléchargez sur votre Mac :

- configurer Hazel pour déclencher la surveillance du dossier de téléchargement ;
- définir une règle de traitement.

L'ajout d'une surveillance de dossier se réalise dans l'onglet « *folders* » du panneau de préférences d'Hazel. Ce panneau est divisé en deux parties :

- à gauche la liste des dossiers surveillés ;

– à droite, si un dossier est sélectionné, vous aurez la liste des règles qui seront testées et éventuellement appliquées.

Chaque règle est composée de trois parties :

1. la première ligne est le nom de la règle ;
2. la seconde partie est une liste des critères à satisfaire pour que le fichier soit traité ;
3. la troisième partie définit les actions à appliquer à chaque fichier qui satisfait les règles précédentes.

Les critères à satisfaire dans le cas des factures de mon opérateur télécoms concernent :

– la présence d'un ensemble de phrases clés : le nom de mon opérateur télécom, « *n° de compte internet :* », mon numéro de client.
– la présence d'un motif de phrase comme : « *facture du...date facture* »

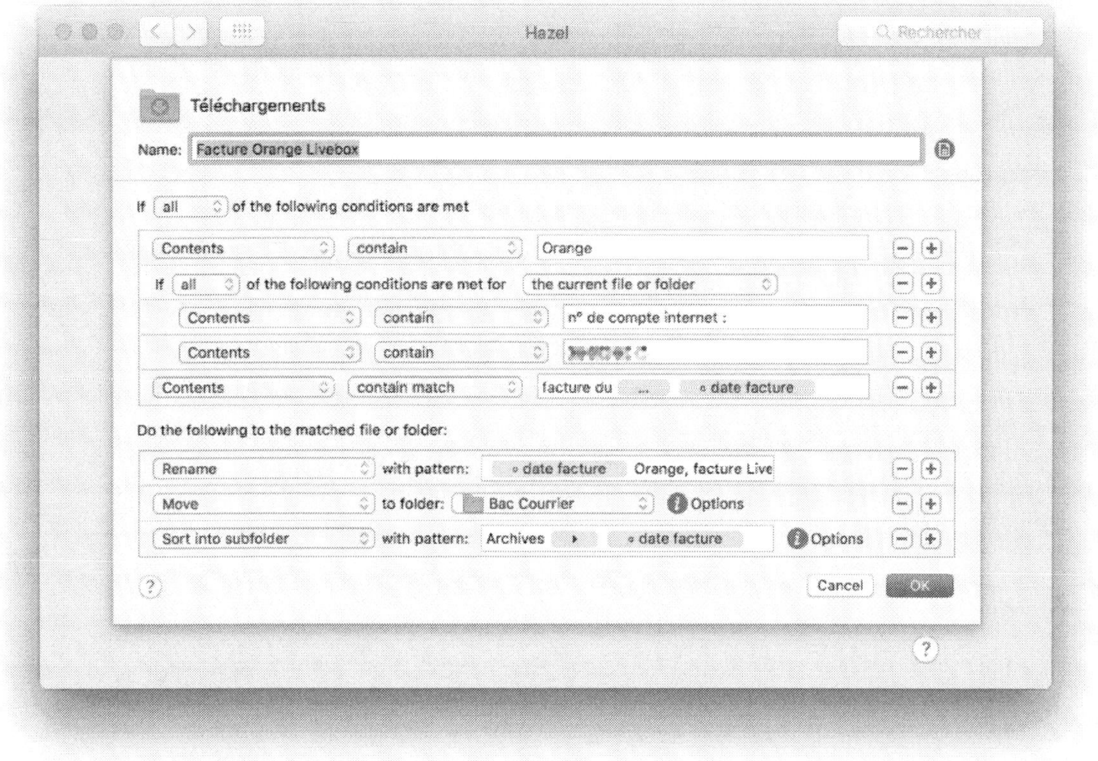

Illustration 112: Hazel, une règle

Les règles dans Hazel sont définies à partir d'un ensemble de critères et d'actions à réaliser.

La définition d'un motif serait un peu longue à décrire et serait vraiment hors sujet dans ce livre. Je me contenterai de dire que la valeur date facture correspond à un séquence de valeurs spécifiques, en l'occurrence le jour, le nom du mois et l'année sur quatre chiffres.

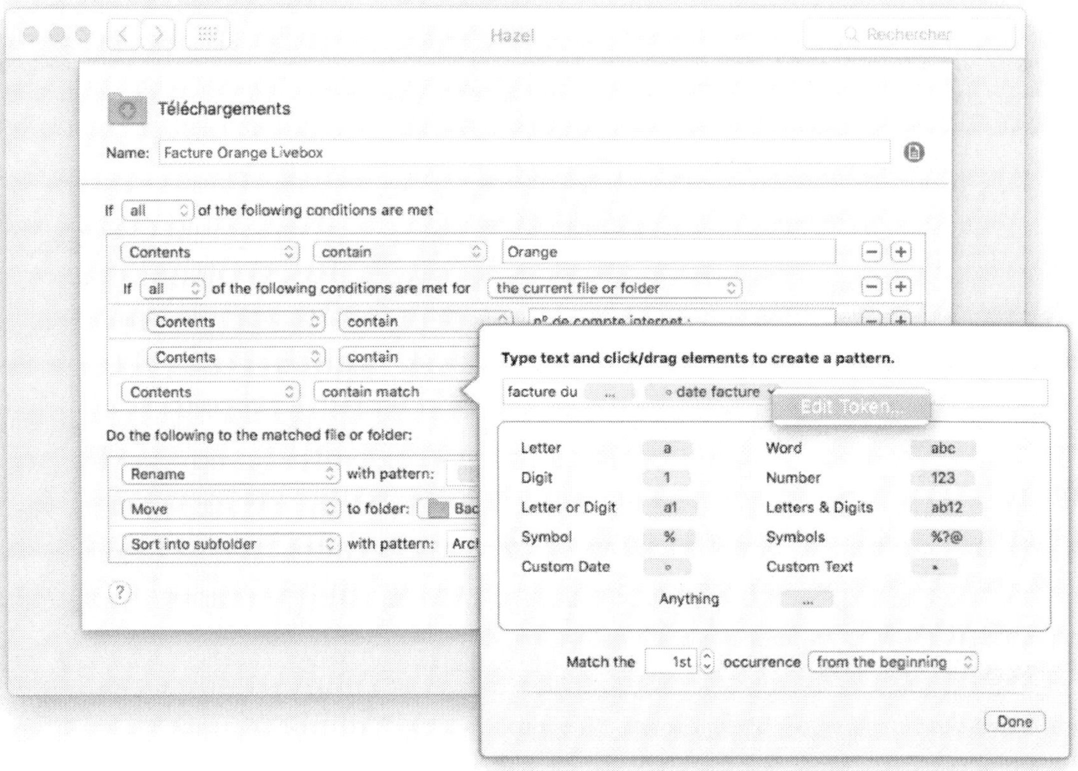

Illustration 113: Hazel, édition des variables

Hazel permet de définir des variables à partir d'attributs ou d'éléments reconnus dans le contenu du document. Ici, la règle extrait la date de la facture dans le document.

Ceci étant fait, il ne reste plus qu'à spécifier la liste des actions qui seront réalisées pour les fichiers qui correspondent à ces critères :

1. pour commencer, le nom du fichier sera modifié pour correspondre au modèle : « *date facture Orange, facture internet* »[15]
2. le fichier sera ensuite trié dans un sous-dossier de mon dossier d'archives : « *Archives/date facture* ».

Pour le nom du fichier il est possible de modifier le format de la date en utilisant un modèle « aaaa-mm-jj » (année, mois et jour).

15. Le modèle déprendra de votre fournisseur et du type de documents.

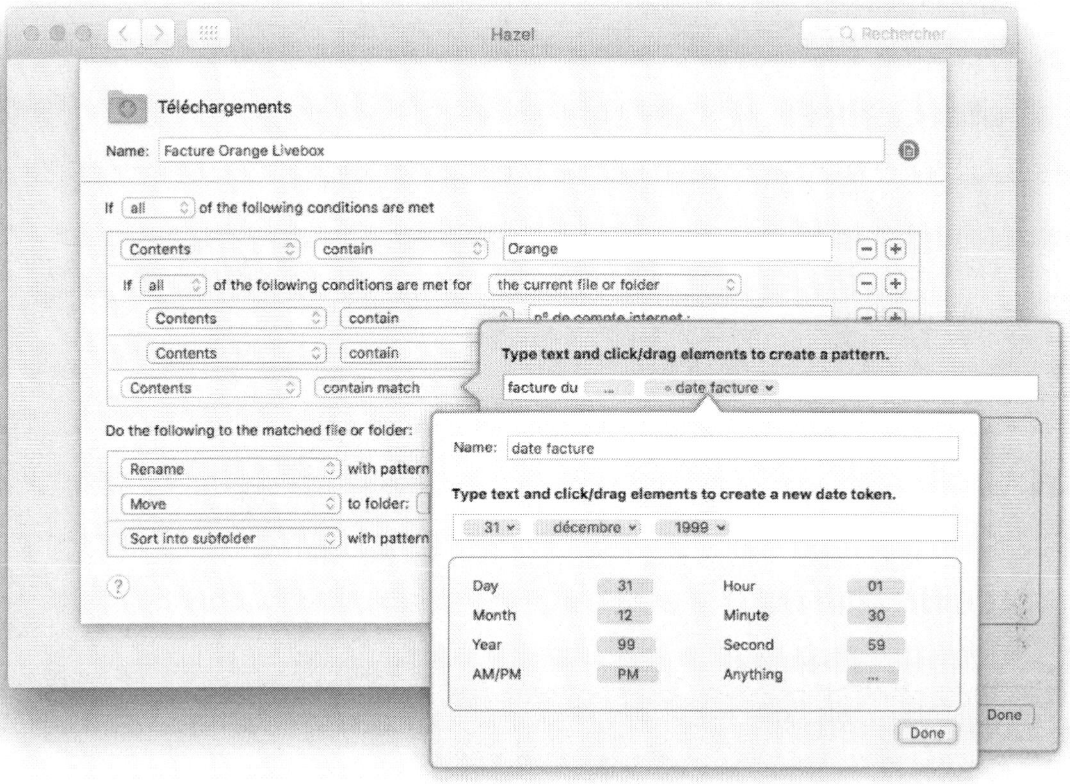

Illustration 114: Hazel, configurer le format d'une date

Hazel permet de reconnaitre des dates dans différents formats. À vous de configurer celui qui correspond à votre document.

En revanche, pour le tri dans le dossier je n'utilise qu'un dossier par année. Ainsi, pour ranger mes factures de l'année dans un dossier « Archives/2015 » il faut configurer le modèle de la date de facture en utilisant « *yyyy* » (l'année de la date sur quatre chiffres).

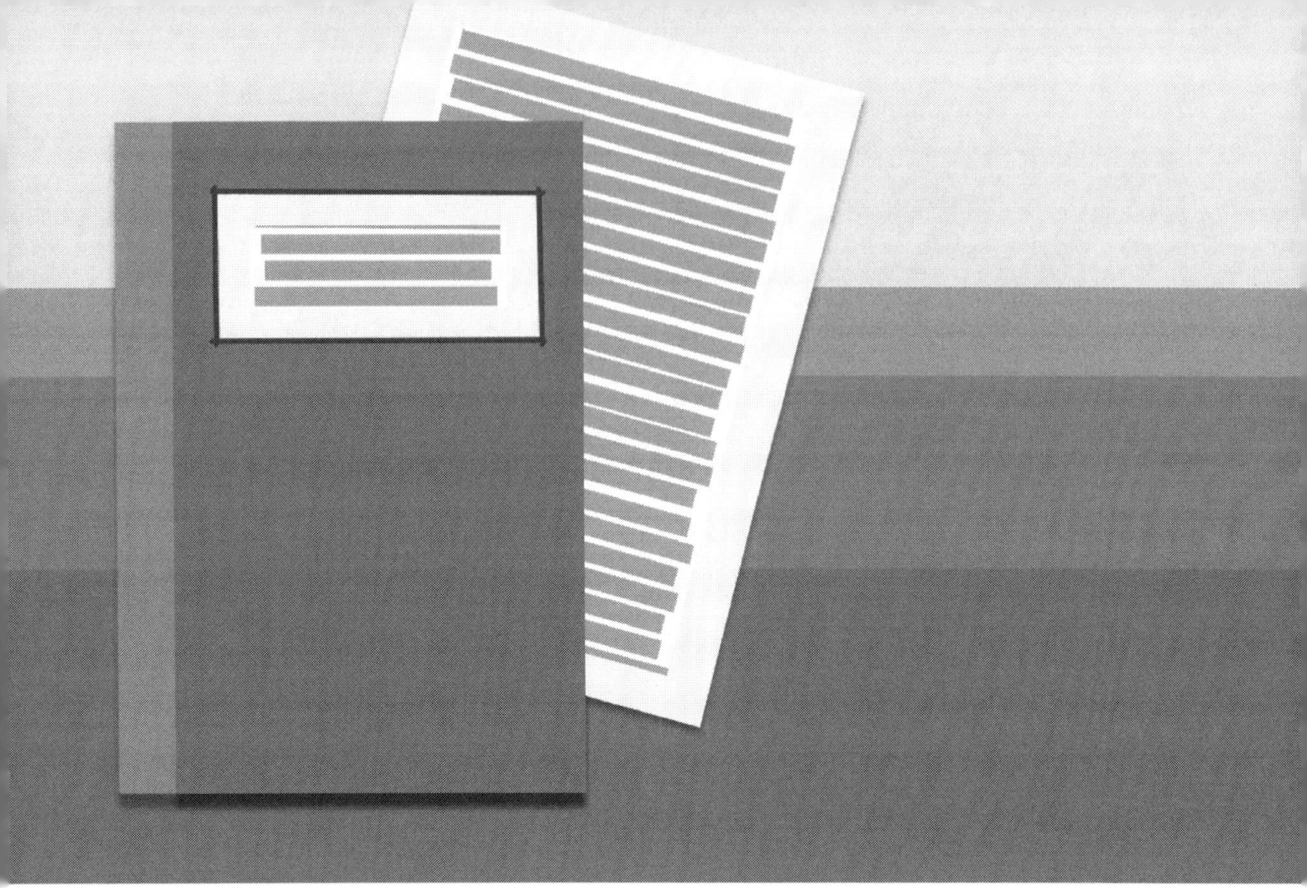

5.4 Evernote

Ce service est une gestion de documents adaptée aux usages mobiles qui est construite autour d'un hébergement sur internet : dans « le cloud ».

5.4.1 Présentation

Vous connaissez peut-être l'application Evernote de prise de notes. Disponible sur téléphones, tablettes et ordinateurs, cette application vous permet de saisir des notes et de les organiser en carnets.

La société Evernote propose un ensemble d'outils qui tournent tous autour de ce service de gestion de documents.

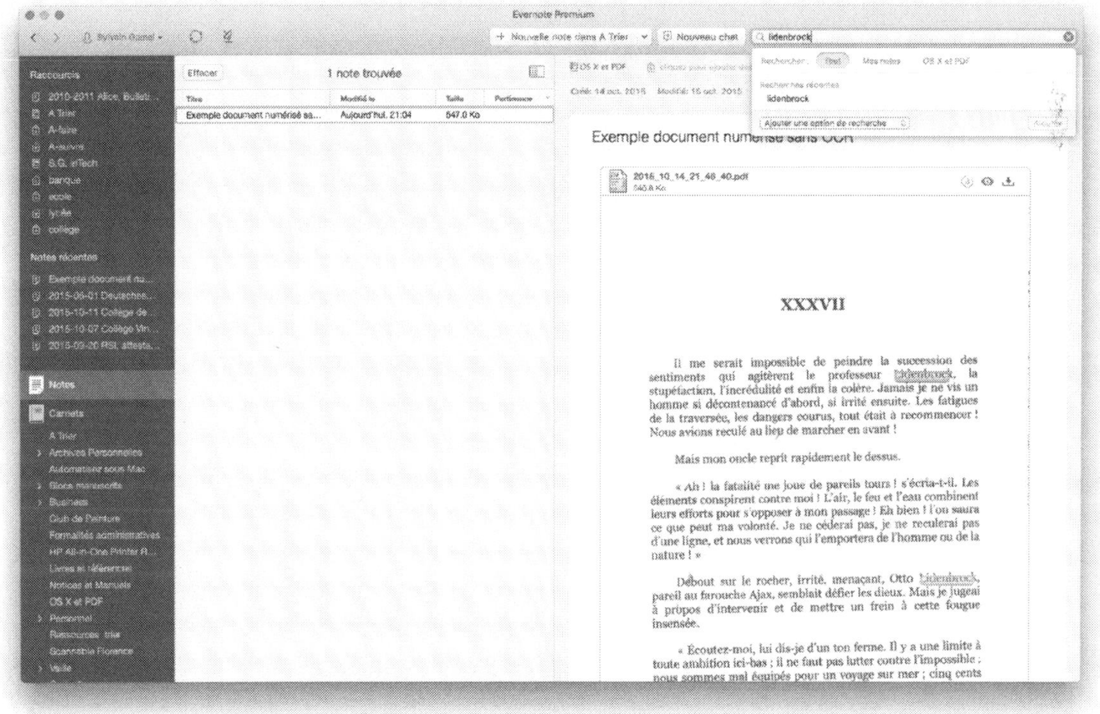

Illustration 115: Evernote

L'application Evernote sur Mac avec une recherche dans un PDF.

L'application n'est pas seulement un moyen de prendre des notes, mais propose un système pour classer celles-ci dans des carnets. Vos notes peuvent intégrer des images ou des documents PDF.

Et c'est à partir de ce moment-là que le service d'Evernote propose une valeur ajoutée très intéressante en analysant vos images et vos PDF pour tenter d'y reconnaitre du texte et l'indexer avec vos notes.

Ainsi, lorsque vous réaliserez une recherche dans une des applications les résultats incluront autant vos notes que le texte reconnu dans les pièces jointes.

Le service étant hébergé sur des serveurs, cela permet d'accéder à vos documents de différentes façons :

- avec une application Mac « native » ;
- avec n'importe quel navigateur internet moderne vous identifiant sur le site du service ;
- avec des applications mobiles sur les principaux systèmes.

https://evernote.com/intl/fr/

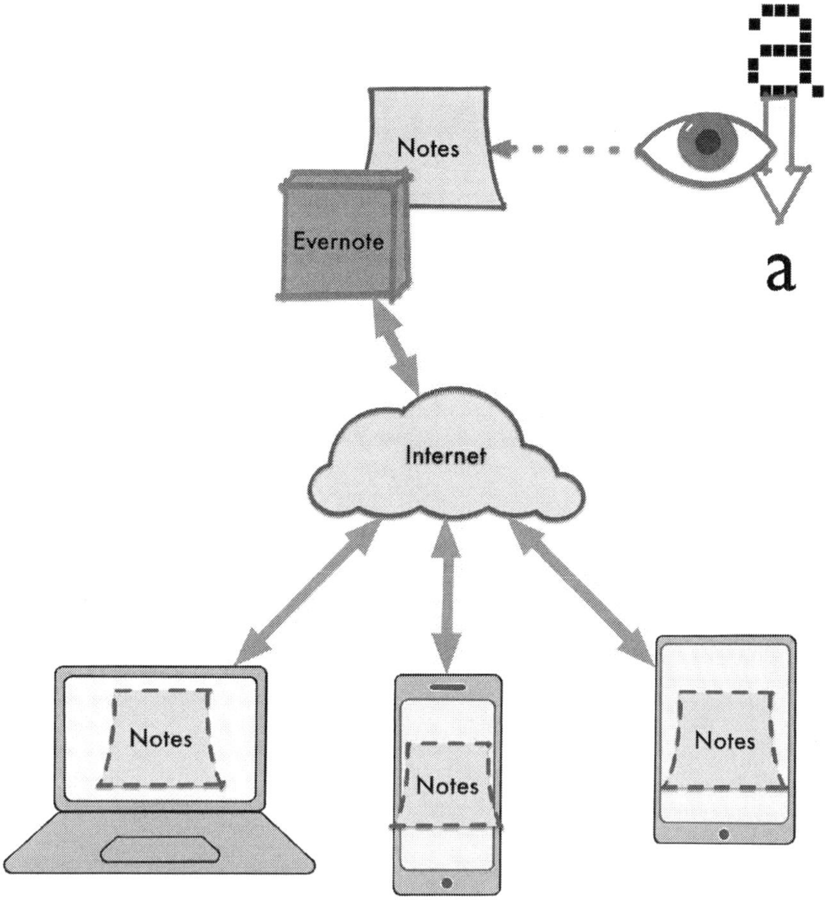

Illustration 116: Le service Evernote

En construisant son service autour d'une base de données hébergée sur internet, vos données sont toujours accessibles.

En quoi Evernote peut-il être un bon outil pour gérer vos documents ?

- Il vous épargne de travailler avec des documents dans le Finder. Si vous n'êtes pas trop à l'aise avec l'informatique, cela peut être un gros avantage de manipuler des concepts simples de carnet, de notes et de classeur.
- Étant stockés en dehors de votre ordinateur, vos documents sont omniprésents et accessibles même lorsque votre ordinateur n'est pas sous la main.

- Le traitement de reconnaissance de texte étant déporté sur les serveurs, vos données seront toujours traitées équitablement, que vous utilisiez un mobile ou une station de travail.
- Une sauvegarde externe de vos documents est aussi un énorme avantage en cas de gros soucis comme un incendie, une inondation ou un vol.
- Evernote est capable d'analyser vos documents et il peut réaliser une reconnaissance de texte afin de vous permettre de chercher plus facilement.

Si vous être allergique aux services de stockages en ligne, il est évident que cette solution n'est pas la plus adaptée à vos goûts. À vous de voir en fonction de vos préférences.

5.4.2 Evernote et le PDF

L'un des principaux avantages du service Evernote consiste en sa capacité à analyser vos notes pour en indexer le contenu.

Si vous y stockez des PDF qui contiennent du texte résultat d'une OCR, ce dernier sera utilisé directement. Mais si vos PDF ne sont qu'un rassemblement d'images, alors le moteur de reconnaissance de texte se mettra en route.

Ce moteur tourne sur les serveurs d'Evernote. Il fonctionne sur les PDF que vous ajoutez à vos notes et il se montre capable de retrouver du texte dans vos notes manuscrites, vos photos et les PDF.

Bref, vous pouvez utiliser *Evernote* comme un fourre-tout qui se charge de « lire » ce que vous lui donnez.

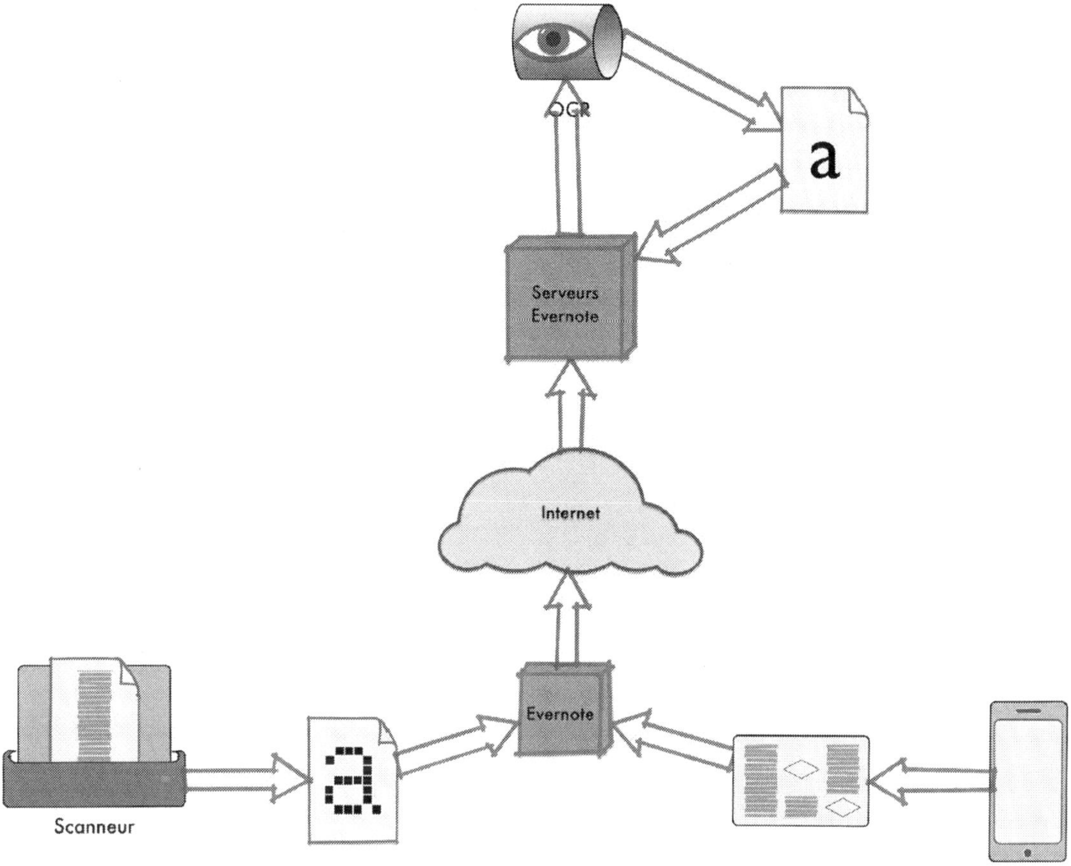

Illustration 117: Evernote, la reconnaissance de texte

Que vous utilisiez un scanneur ou une photo prise avec votre mobile, l'application Evernote envoie vos images sur ses serveurs pour les analyser.

Je parle de PDF, mais cela fonctionne également sur les photos. Que vous ayez des notes prises à la va-vite sur une nappe de papier, ou la photo d'un tableau après une réunion.

J'utilise Evernote comme un outil de reconnaissance de texte pour archiver l'essentiel de mes papiers. Comme c'est lui qui se charge de la reconnaissance de caractères, je n'ai pas à utiliser un logiciel spécialisé sur mon Mac.

C'est un moyen pour économiser l'achat d'un logiciel supplémentaire, mais c'est surtout un *gain de temps* appréciable lorsque je dois numériser de gros lots de documents. Je me contente de numériser et d'alimenter Evernote. Inutile d'attendre de longues secondes entre chaque document pendant la reconnaissance de texte.

Et comme je l'ai déjà dit, c'est une solution idéale pour travailler sur des terminaux mobiles et retrouver ensuite vos documents une fois que êtes de retour sur votre Mac.

5.4.3 Créer des PDF avec vos pièces jointes

Si vous avez une note dans laquelle vous avez inséré une image, il est possible de la transformer en un clic en PDF :

1. ouvrez la note à convertir ;
2. placez le pointeur de la souris sur l'image à convertir ;
3. faites apparaitre le menu contextuel avec un clic secondaire ;
4. dans ce menu, sélectionnez l'entrée « *convertir la note en PDF* ».

Illustration 118: Evernote converti en PDF

Transformez vos images en documents PDF avec l'application Evernote pour Mac. Ici, l'image originale est à gauche et la note convertie se trouve à droite.

La note va être dupliquée et l'image sera encapsulée dans un document PDF.

Vous auriez pu exporter l'image en l'ouvrant dans Aperçu. À partir de là il fallait l'exporter au format PDF et la réimporter dans Evernote.

En passant directement par Evernote, la conversion est plus rapide, vous pouvez immédiatement effacer la note originale et le nouveau PDF reste correctement indexé.

Remarquez que cette fonction n'est disponible qu'avec l'application OS X. La conversion en PDF n'est pas utilisable lorsque vous utilisez le site internet ou l'application mobile.

Cette transformation en PDF souffre tout de même d'une limitation. Elle n'est vraiment utile que si votre note ne contient qu'une image. En réalité, cette fonction ne fait pas grand-chose de plus qu'imprimer la note en enregistrant le PDF obtenu dans une nouvelle note.

Et si vous avez des pièces jointes elles seront affichées comme dans l'application et ne seront pas copiées dans la nouvelle note. Donc attention à bien conserver la note d'origine pour ne pas perdre d'éventuelles pièces jointes.

En revanche, si votre note ne contient que du texte et des images, c'est un moyen parfait pour la transformer au format PDF sans devoir faire un crochet par Aperçu.

5.4.4 Annoter vos PDF dans Evernote

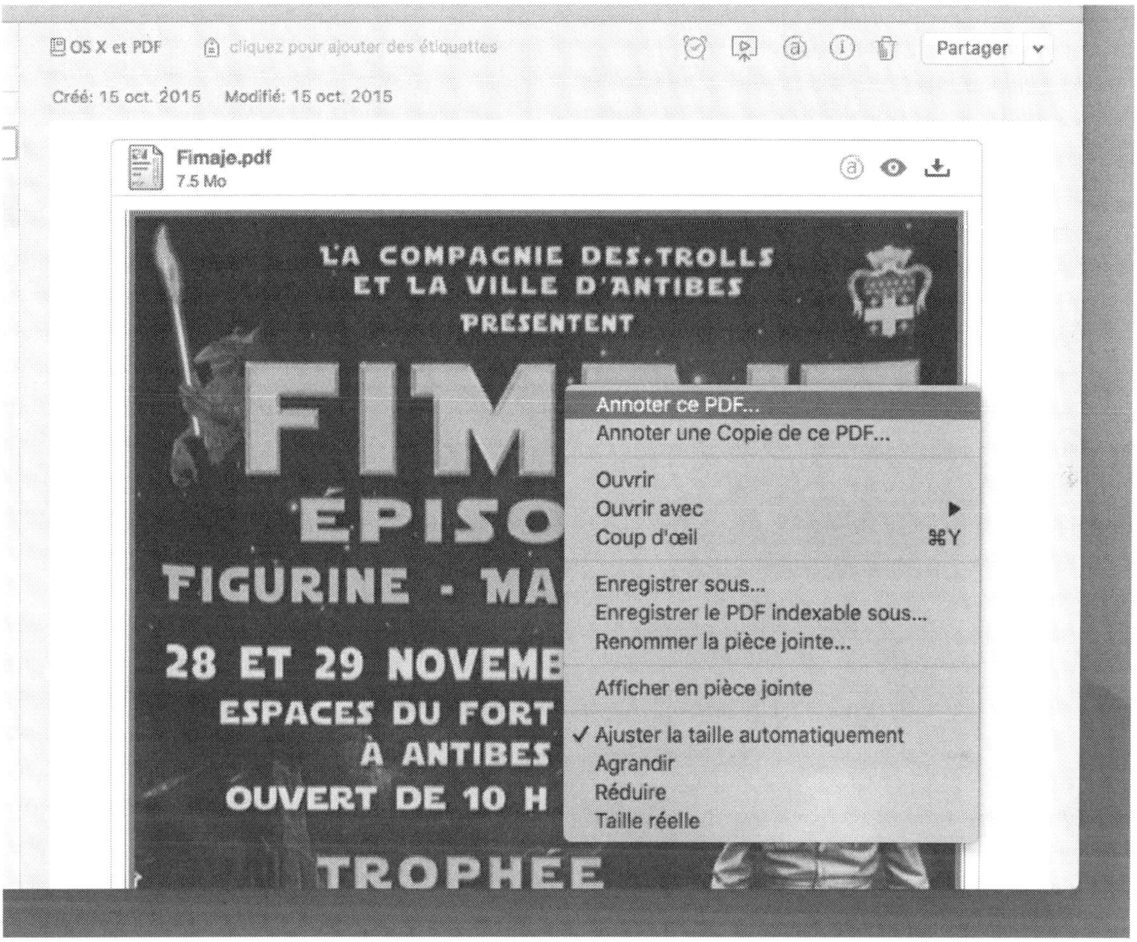

Illustration 119: Evernote, ouvrir l'outil d'annotation.

Un clic secondaire pour ouvre l'accès à l'outil d'annotation. Il sera utilisé ici sur un PDF.

L'application Evernote permet d'ouvrir les documents PDF attachés avec une note dans Aperçu ou avec d'autres liseuses compatibles avec ce format.

Mais Evernote propose aussi son propre outil pour annoter vos documents. Cet outil n'est qu'une version embarquée de l'application Skitch.

Illustration 120: L'outil d'annotation d'Evernote.

Cette fenêtre est très simple avec la liste des outils à gauche et l'essentiel de l'espace réservé au contenu.

La fenêtre de l'outil d'annotation se divise en plusieurs parties :

- l'affiche de la page courante occupe l'essentiel de l'espace, au centre de la fenêtre ;
- les outils sont disposés à la verticale sur la gauche ;

– les vignettes de pages sont disposées à la verticale sur la droite de la fenêtre ;
– en haut, à droite, vous avez un bouton pour afficher un menu ainsi qu'un bouton pour basculer l'affichage en plein écran ;
– en bas, à gauche, se trouve le réglage du facteur de grossissement ;
– en bas, au centre, vous avez une option pour ajouter vos annotations au document (ou à la note si vous travaillez une image) ;
– en bas, à droite, se trouve une option pour limiter l'affichage aux seules pages annotées.

https://evernote.com/intl/fr/skitch/

La barre des outils, placée sur le bord gauche de la fenêtre, contient les fonctionnalités suivantes :

– un outil pour ajouter des flèches dans la page ;
– l'ajout de bloc de texte flottant au-dessus de la page ;
– l'ajout de formes géométrique : rectangle, rectangle arrondi, ovale et ligne ;
– le dessin à main libre : feutre ou surligneur ;
– bulles de légendes.

Le bas de la barre d'outils comprend une icône pour changer la couleur de dessin ainsi que la largeur des traits.

Illustration 121: Les palettes d'outils

L'outil d'annotation d'Evernote propose une palette d'outils à plusieurs niveaux. En cliquant sur un outil de base, comme ici les formes, vous dévoilez une palette secondaire avec les différentes options possibles.

5.4.5 Exporter vos notes

Evernote propose bien un système de partage de notes pour les utilisateurs du service. Cependant, il est possible que vous ayez besoin de transmettre la totalité d'une note à une personne qui n'utilise pas ce service.

Pour cela, vous avez le choix entre :

- exporter toutes les pièces jointes d'une note ;
- exporter une sélection de notes sous forme de fichiers indépendants.

5.4.5.1 Récupérer les pièces jointes

L'application OS X permet d'exporter les pièces jointes d'une note dans leur format d'origine. Vous avez donc un moyen simple pour récupérer vos documents :

1. sélectionnez le menu « *fichier / enregistrer les pièces jointes dans le dossier...* » ;
2. un dialogue de sélection de fichiers vous permet de naviguer vers le dossier de destination ;
3. validez votre choix et les pièces jointes seront alors copiées dans ce dossier.

5.4.5.2 Récupérer toute une sélection de notes

Il est aussi possible d'exporter une note au format HTML, la langue du web, ce qui permet de récupérer dans un dossier un fichier HTML pour le corps de la note et l'ensemble des pièces jointes dans le dossier associé :

1. sélectionnez le menu « *fichier / exporter la note...* » ;
2. un dialogue d'enregistrement de fichier s'affiche ;
3. indiquez le nom du dossier dans lequel votre note sera exportée ;
4. sélectionnez le dossier de destination ;
5. indiquer le format HTML comme format cible ;
6. valider votre choix pour exporter.

5.5 PDFPen

Cette application de l'éditeur Smile est une alternative à Aperçu. *Elle propose les mêmes fonctions de consultation de PDF et ajoute quelques fonctions qui manquent, parfois cruellement, à la solution d'Apple.*

5.5.1 Acquisition

PDFPen Pro[16] permet de facilement créer des documents PDF :

- bien entendu, l'importation à partir d'un scanneur est supportée ;
- il est également possible de créer une version PDF d'une page web ;
- vous pouvez enfin créer des documents vierges pour votre propre contenu.

L'utilisation du scanneur ou la création de documents vides sont tout à fait classiques et je ne les détaillerais pas ici.

L'une des fonctions intéressantes consiste à créer un document PDF à partir d'un site internet :

1. ouvrez PDFPen pro ;
2. sélectionnez le menu « *fichier / nouveau / de HTML...* » ;
3. un dialogue vous demande de préciser l'URL et les options d'importation.

https://smilesoftware.com/pdfpenpro/?

16. *PDFPen* existe en deux versions : une version normale et la version pro. Je vous renvoie au site internet de l'éditeur pour un comparatif de ces deux versions.

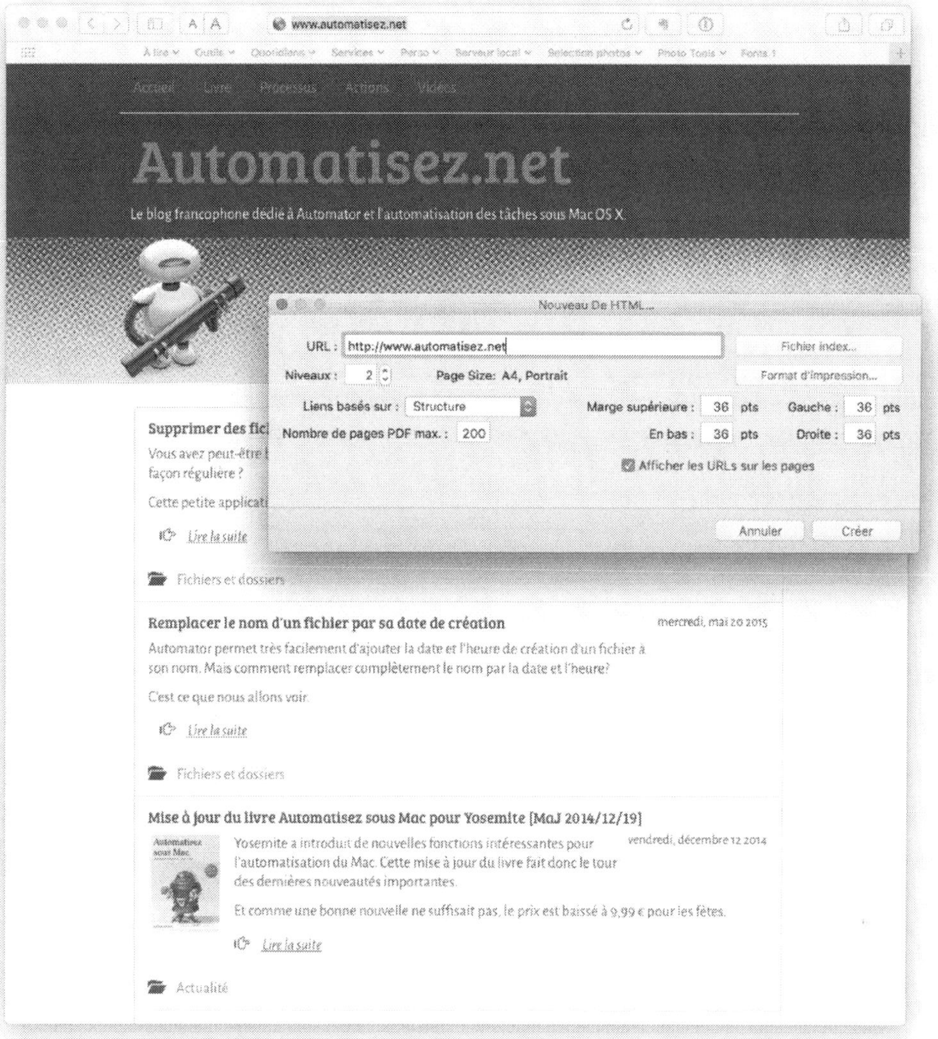

Illustration 122: PDFPen, importer un site web

Avec une adresse internet et quelques paramètres, vous pouvez transformer en une action tout ou partie d'un site internet en fichier PDF.

L'application va alors télécharger les pages en suivant les liens jusqu'à la profondeur indiquée dans les paramètres.

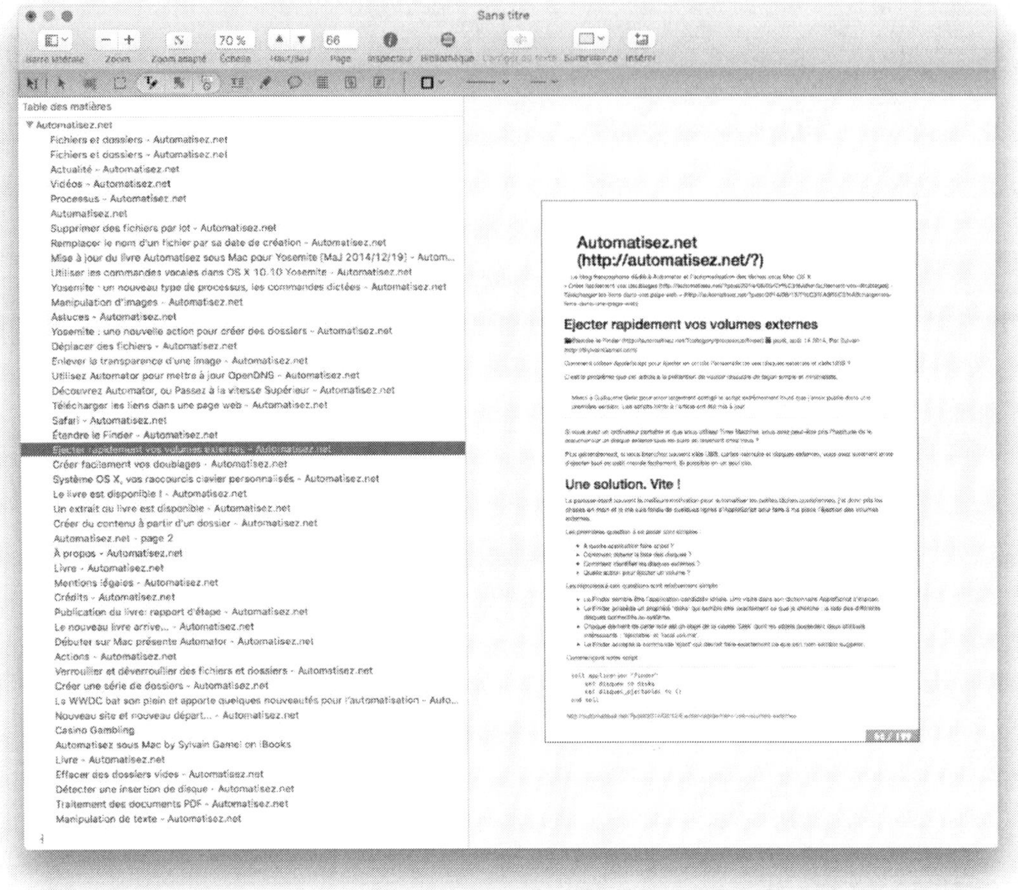

Illustration 123: PDFPen, page web importée

Après l'importation, le document PDF produit contient un sommaire pour identifier chacune des pages importées.

Cette fonction a plusieurs avantages par rapport à une simple impression d'une page à partir de *Safari* :

- vous pouvez construire un PDF qui va suivre les liens et donc traiter plusieurs pages web en une seule opération, ce qui est un gain de temps appréciable.
- le PDF contient un sommaire pour chaque URL de page.

C'est la fonction la plus originale du côté de l'acquisition. Mais PDFPen propose bien plus qu'une solution de capture. Il sait aussi exporter les PDF, ce que nous allons voir dans le paragraphe suivant.

5.5.2 Reconnaissance de texte intégrée

PDFPen inclut un outil de reconnaissance de texte (OCR). Cela peut être un bon moyen pour associer le texte à un fichier numérisé lorsque vous n'avez pas un logiciel spécialisé.

La reconnaissance de texte peut être déclenchée de deux façons différentes :

- automatiquement à l'ouverture d'un PDF lorsque l'application ne trouve que des images ;
- manuellement.

Lorsque vous ouvrez un document PDF qui ne contient pas de texte, PDFPen va vous proposer de déclencher une reconnaissance de texte :

1. une feuille de dialogue s'affiche au-dessus de votre document et vous demande de confirmer le lancement de la reconnaissance ;
2. vous devez indiquer quelle est la langue du document ;
3. validez, ou annulez, le lancement de la reconnaissance.

Lorsque vous voulez déclencher manuellement la reconnaissance, cela suppose déjà que vous avez décliné l'offre au moment de l'ouverture du fichier :

1. sélectionnez le menu « *édition / OCR la page…* » ;
2. le processus de reconnaissance est déclenché immédiatement ;
3. dès que le texte a été reconnu, il vous est possible de sélectionner du texte dans la page.

5.5.3 Exportez vos PDF

PDFPen permet d'exporter les PDF dans différents formats. Outre les classiques formats texte et TIFF, vous pouvez transformer un PDF en document Microsoft Word.

Cette fonctionnalité s'appuie sur une solution hébergée. Une connexion internet est donc indispensable pour l'utiliser. Il faut également accepter que vos documents voyagent sur les réseaux pour être traités sur des serveurs externes[17].

Avertissement :	Assurez-vous que cette fonction est bien conforme à la politique de votre société si vous devez traiter des documents dans le cadre professionnel.

Pour exporter une PDF au format *Word* :

1. ouvrez votre document ;

17. Le risque d'interception est mineur et vos documents ne sont pas stockés sur les serveurs du service. Cependant, il est bon de savoir comment sont traités vos documents.

2. sélectionnez le menu « *fichier / exporter sous...* » ;
3. un dialogue d'exportation apparait ;
4. sélectionnez le format « *Word 2007* » ou « *Word* » ;
5. indiquez quelles sont les langues utilisées dans le document ;
6. validez l'exportation ;
7. le document va être préparé et envoyé au service de traduction ;
8. un chronomètre se met alors en route et une estimation de la durée de conversion s'affiche ;
9. une fois la conversion achevée, l'application vous demandera où enregistrer le fichier.

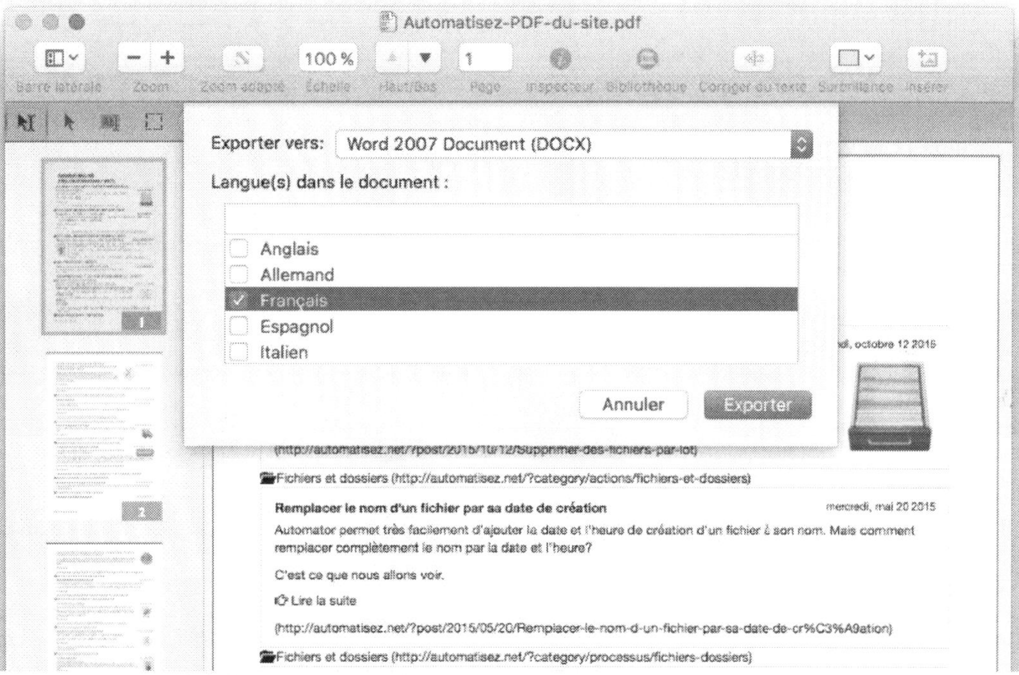

Illustration 124: PDFPen, exportation

PDFPen vous offre des outils d'exportation poussés, comme la conversion dans les formats bureautiques courants.

Tout dépendra de la complexité et de la mise en page du fichier PDF, mais le résultat est généralement très utilisable. C'est un excellent moyen pour effectuer un OCR et être capable de directement éditer le document.

L'utilisation du document dans Pages peut souffrir de quelques limitations à l'importation du document *Word*, mais Libre Office se débrouille pas trop mal. Et bien entendu, le document est exploitable avec les logiciels Microsoft, notamment la version de Word pour iOS.

5.5.4 Modifications

Vous retrouverez dans PDFPen les fonctions d'annotation proposées par Aperçu. Mais il intègre également quelques fonctionnalités plus originales qui sauront trouver leur utilité pour une utilisation plus poussée des PDF :

- Il est possible d'ajouter des liens web dans les pages pour accéder à un site internet. Accessoirement tout type de lien est accepté ce qui peut servir pour déclencher un envoie de courriel.
- Vous pouvez aussi ajouter des liens vers d'autres pages.
- Il est possible d'insérer une image dans une page simplement en glissant son icône à partir du Finder.
- Vous pouvez créer un sommaire pour vos documents.
- il est possible de corriger du texte dans un document ;
- Une bibliothèque d'éléments graphiques vous permet de facilement annoter vos document en insérant d'un glisser-déposer des formes, des images ou des tampons.
- Une grille permet d'aligner plus facilement les objets de vos pages.

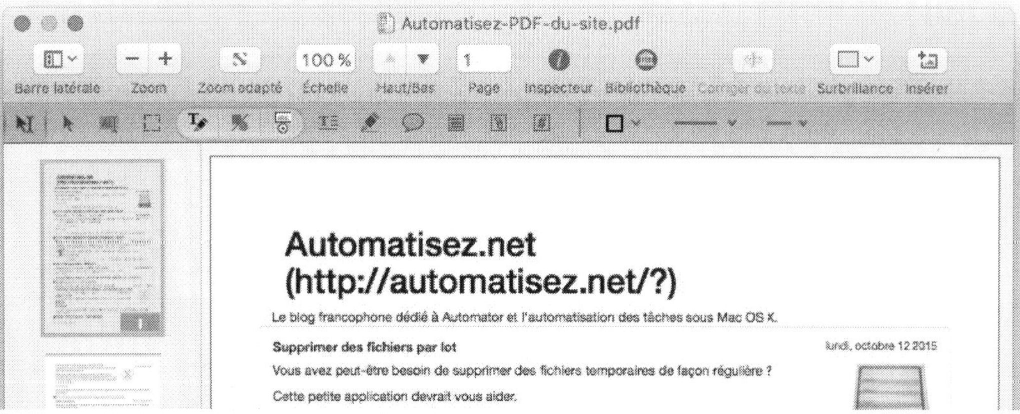

Illustration 125: PDFPen, barre d'outils

Les outils de modification dans PDFPen sont similaires à ceux d'Aperçu. Ils sont parfois plus riches, et parfois plus limités.

En ce qui concerne l'insertion de formes géométriques, PDFPen est en dessous des capacités d'Aperçu. Pas question d'ajouter des étoiles ou des bulles de BD. Vous devrez vous limiter aux ovales, rectangles et polygones.

5.5.5 Utiliser la bibliothèque d'éléments graphiques pour annoter vos documents

Vous remarquerez peut-être le bouton « *bibliothèque* » dans la barre d'outils de PDFPen. Lorsque vous cliquez sur cette icône, la palette de la bibliothèque de graphiques s'affiche ou se masque.

Cette palette contient quatre onglets :

- les formes intégrées ;
- les graphiques personnalisés ;
- les marques de relecture ;
- les tampons.

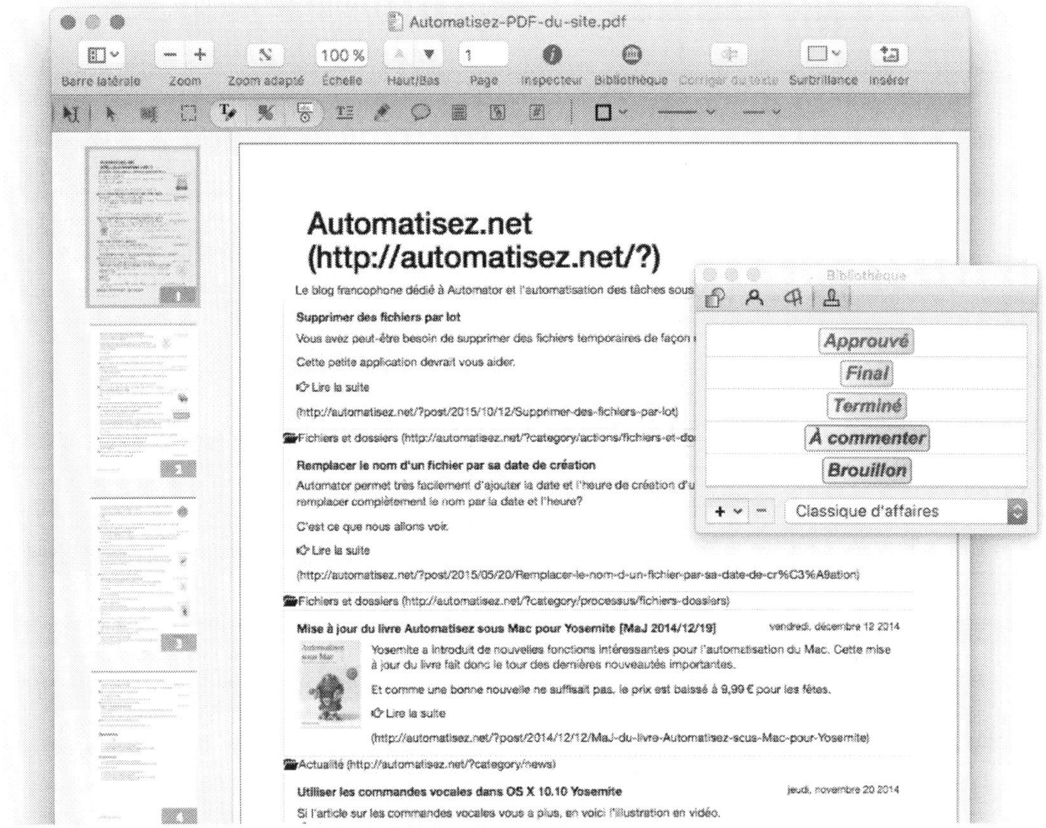

Illustration 126: PDFPen, la bibliothèque

La palette de la bibliothèque dans PDFPen vous permet de rapidement insérer des objets graphiques standard lorsque vous relisez un document.

Logiquement, vous ne pouvez modifier que les graphiques personnalisés. Vous pouvez y ajouter une image ou un document PDF (d'une seule page).

À partir de la palette, il vous suffit de faire glisser une forme pour l'ajouter dans la page.

Il vous est alors possible de modifier la taille du graphique, de le déplacer ou de l'effacer.

5.5.6 Formulaires PDF

Nous avons vu dans l'introduction que le format PDF permet de créer des formulaires. Une fonctionnalité qui n'est pas particulièrement bien gérée par Aperçu.

Cela tombe bien pour PDFPen, puisque ce dernier permet tout autant de remplir un formulaire que de créer les vôtres.

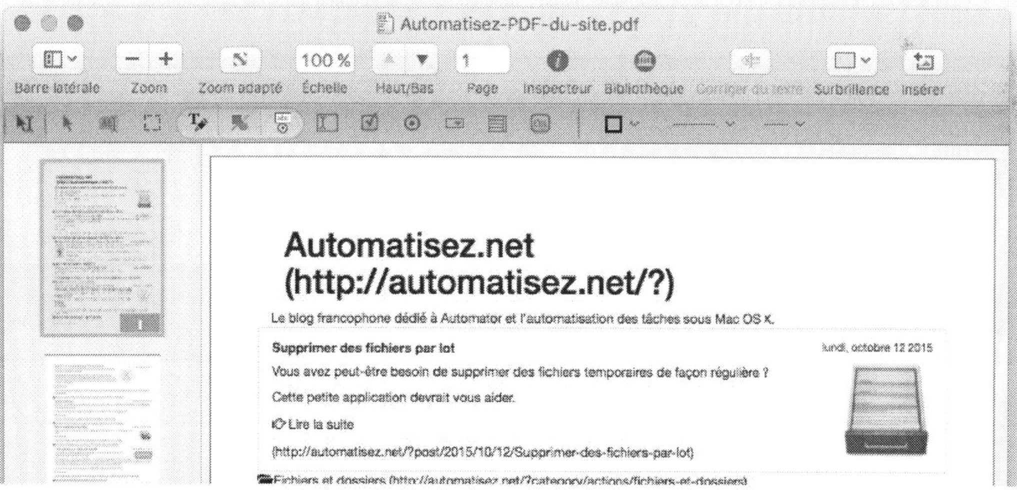

Illustration 127: PDFPen Pro, outils d'édition de formulaire

Avec PDFPen Pro, vous êtes maintenant capable de créer vos propres formulaires électroniques.

Pour créer un formulaire, vous devez activer la barre d'outils de création de formulaires. Vous verrez alors de nouveaux outils pour créer les types d'éléments suivants :

- des champs de texte sur une ou plusieurs lignes ;
- des cases à cocher ;
- des boutons radio ;
- des listes de choix d'une ou plusieurs lignes ;
- le bouton pour envoyer le formulaire.

L'envoi d'un formulaire peut se faire comme sur un site internet : en envoyant le tout sur une adresse particulière d'un serveur. Mais il est aussi possible d'envoyer ce formulaire à une adresse courriel.

Cette dernière option est particulièrement utile pour construire vos propres questionnaires et les recevoir directement dans votre boite de message électronique.

5.5.7 Ajouter un sommaire

Dès que vos documents commencent à être longs, il devient utile de leur ajouter une table des matières. Celle ci permet de naviguer plus facilement dans un document avec une liseuse comme iBooks ou Aperçu.

PDFPen Pro vous permet non seulement d'ajouter des entrées dans le sommaire d'un document, mais il est également possible de modifier celle d'un fichier existant.

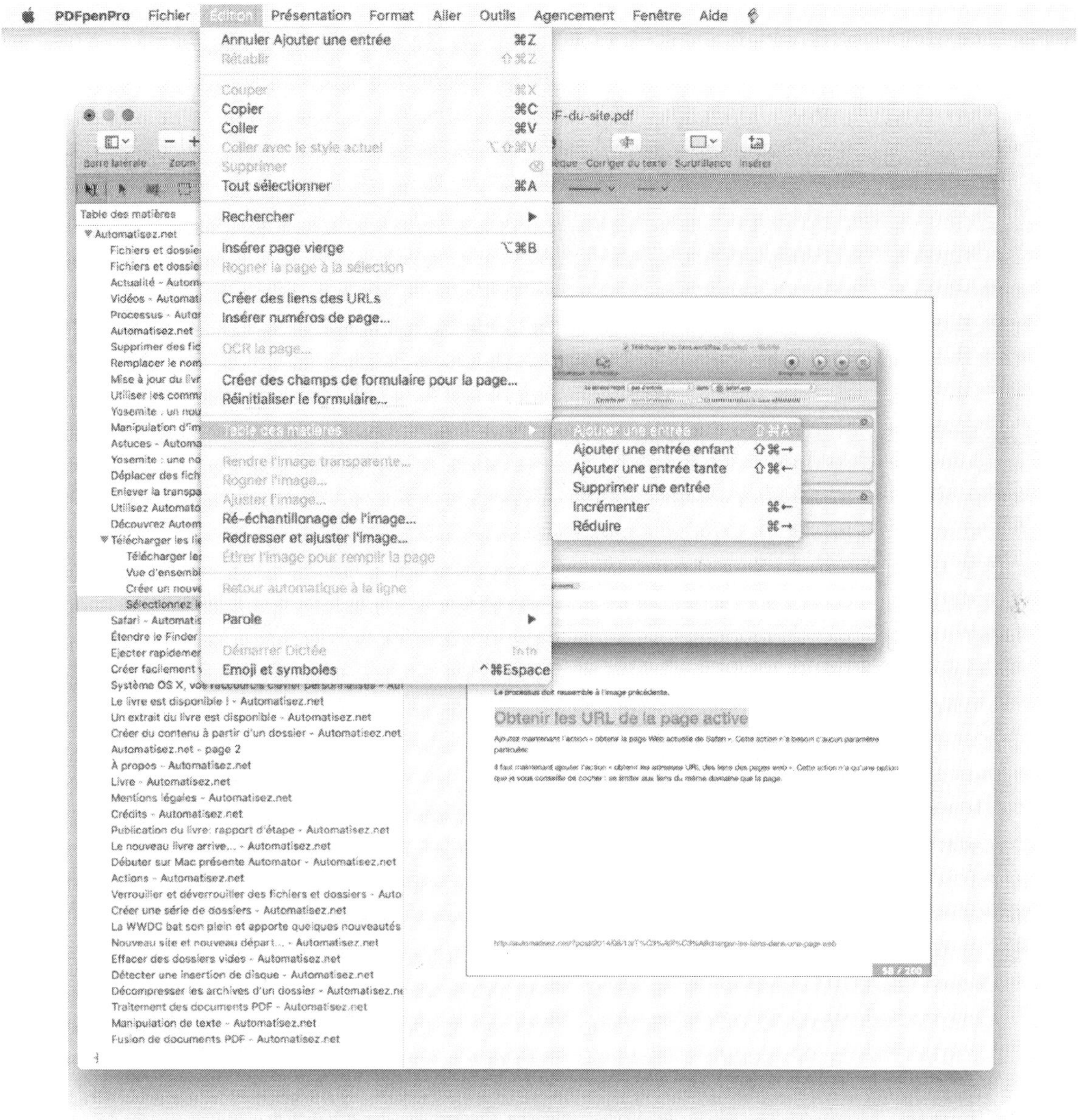

Illustration 128: PDFPen Pro, édition de sommaire

Vous pouvez ajouter des entrées au sommaire d'un document, mais aussi réorganiser le sommaire existant.

Libre à vous d'améliorer ainsi vos documents PDF et d'organiser correctement les entrées de leur sommaire.

6 PDF et mobilité

Le Mac a bien des qualités, mais tenir dans la poche ne fait pas partie de la liste. Découvrons ensemble comment travailler avec les PDF en mobilité.

6.1 Utiliser son téléphone pour construire un PDF

Si vous êtes souvent en déplacement, il n'est pas toujours pratique d'emporter avec vous votre scanneur. Même si vous avez un modèle ultraportable, vous n'allez pas le sortir au restaurant pour numériser le reçu de votre repas. Heureusement, votre téléphone mobile est tout à fait capable de remplir ce service.

6.1.1 Scanner sur un téléphone ?

Peut être que vous n'y aviez même pas pensé, mais les appareils photo des téléphones portables sont d'une assez bonne qualité pour servir de scanneur d'appoint.

La publicité le dit : « *il y a une application pour ça* ».

Vous pouvez effectivement chercher une application de scanneur sur la boutique de votre téléphone. Vous en trouverez certainement beaucoup.

Dans cette section, je vais me contenter de vous présenter quelques petites applications. J'en utilise certaines et j'ai juste essayé les autres. Mais toutes ont des fonctions intéressantes et une chance de vous convenir.

Les applications « scanneur » partagent toutes les mêmes principes de fonctionnement :

- ce sont des applications de photo ;
- elles intègrent une fonction pour corriger la perspective ;
- certaines proposent des outils de reconnaissance de texte ;
- elles peuvent communiquer avec des services de stockages hébergés sur internet.

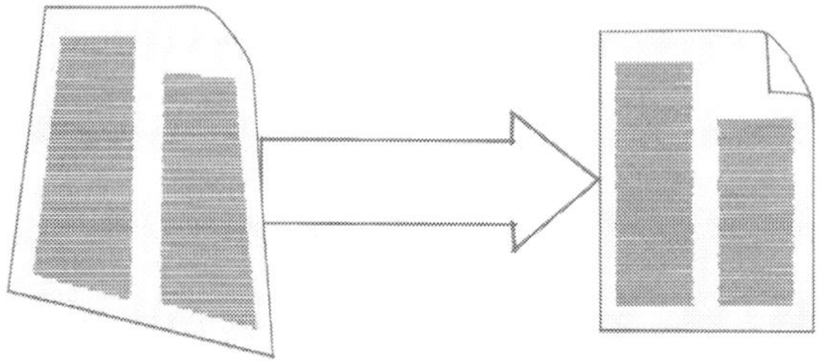

Illustration 129: Principe du redressement de perspective

Il n'est plus utile de positionner avec soin votre page face au téléphone. La correction de perspective permet de corriger ces effets pour permettre une meilleure qualité de numérisation.

Comment choisir une application parmi toutes les propositions de l'App Store ?

Il faut que vous arriviez à trouver un outil qui intègre les fonctions qui vous sont utiles, il doit se connecter aux services que vous utilisez, l'enchaînement des actions doit vous correspondre. Si en plus l'application vous plait esthétiquement alors vous aurez trouvé votre perle.

> **Note** : Je n'en parlerais plus, mais toutes ces applications utilisent à la fois l'appareil photo et vos albums de photos. Lorsqu'elles vous demandent l'autorisation d'accéder à l'un ou l'autre, je vous conseille d'accepter sous peine d'avoir un outil un peu inutile.

6.1.2 Prizmo pour iOS

Cette application est un excellent outil de numérisation. Elle offre un peu plus de fonctions que la simple prise de photos et la correction de perspective.

Avec Prizmo vous pourrez utiliser la reconnaissance de texte et créer facilement un document PDF à partager avec vos contacts ou à archiver dans vos dossiers.

Quelques fonctions originales peuvent aussi faire la différence, comme la lecture du texte en utilisant la synthèse vocale. Une idée intéressante qui pourrait bien séduire les personnes malvoyantes. De plus, si vous utilisez la même application sur votre Mac, la synergie entre les deux vous permet d'avoir une solution intégrée que ce soit au bureau ou en mobilité.

Illustration 130: Prizmo, le gestionnaire de documents

L'écran principal de Prizmo vous présente tous les documents. L'accès aux fonctions est placé en bas de l'écran.

http://www.creaceed.com/fr/iprizmo

6.1.2.1 Le gestionnaire de documents

Au lancement de l'application, Prizmo présente la liste des documents qu'elle gère. Il vous est possible de modifier cette liste ou de changer l'ordre de présentation. Pour faire court, vous retrouverez sur cet écran l'ensemble des fonctionnalités de base de gestion de fichiers.

> **Note :** Comme son pendant sur Mac, Prizmo ne construit pas directement un PDF. Pour cela il faut passer par une étape d'exportation. Mais avant toute chose, tout commence par l'acquisition du document.

En bas de la liste des documents, vous trouverez trois icônes, chacune correspondant à une fonctionnalité particulière :

- au centre, un appareil photo indique clairement le chemin vers l'acquisition de document ;
- sur la gauche, une icône permet d'accéder à différentes fonctions : la capture rapide de texte, la traduction de texte ou la lecture à haute voix ;
- sur la droite, un bouton en forme de haut-parleur permet de faire lire par la synthèse vocale le dernier texte numérisé et reconnu.

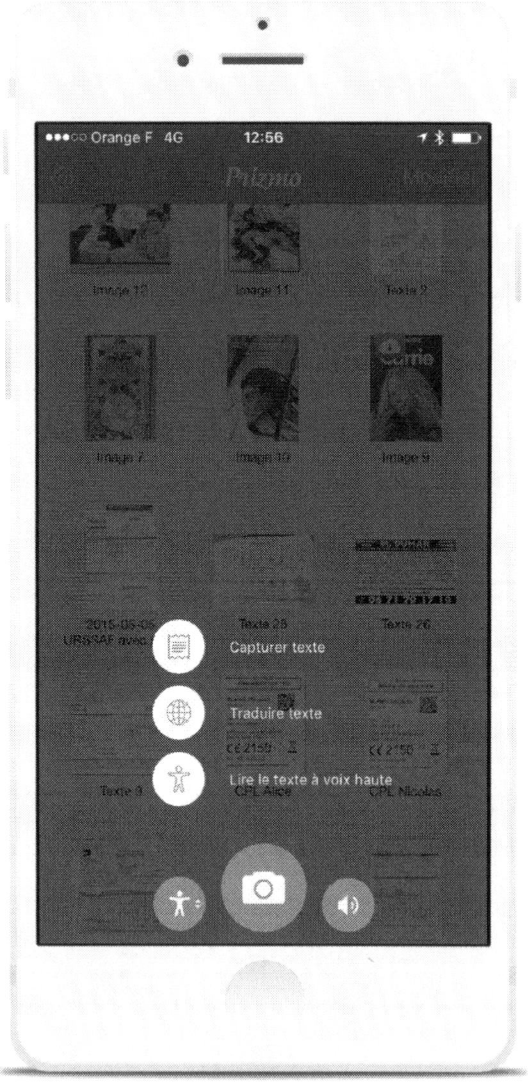

Illustration 131: Prizmo, les actions

Une pression prolongée sur l'action de gauche permet d'obtenir plus de possibilités.

6.1.2.2 La numérisation

Nous n'allons aborder que la partie acquisition, puisque c'est celle qui nous intéresse :

1. commencez par choisir quelques feuilles de papier à numériser ;
2. tapez sur l'icône centrale pour basculer dans l'interface d'acquisition ;
3. l'appareil photo va s'activer ;
4. en bas de l'écran, vous verrez une série d'icônes pour importer une image, régler les options de numérisation, prendre une photo et arrêter la numérisation du document ;
5. en haut de l'écran, d'autres options permettent de contrôler le flash, la taille de la page, la langue du texte ;
6. au-dessus de l'icône de déclenchement, vous avez une série d'intitulés pour définir le type de la page numérisée : texte, image ou carte de visite.
7. Assurez-vous que vous êtes bien en train de numériser un texte pour pouvoir utiliser la reconnaissance de caractères.

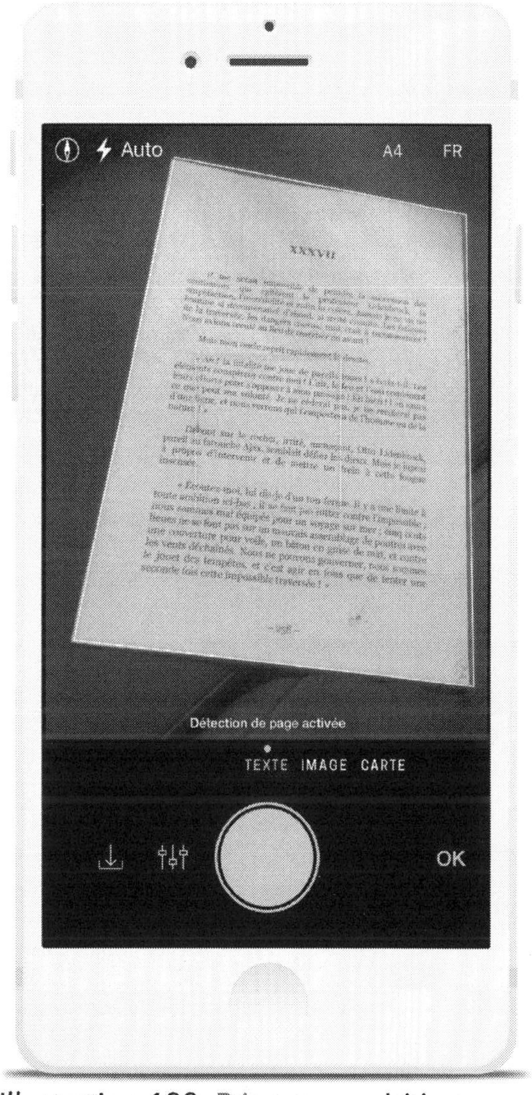

Illustration 132: Prizmo, acquisition

La procédure d'acquisition ressemble à un appareil photo, mais vous pouvez définir le type de documents et accéder à quelques réglages.

Cadrez une feuille dans votre photo. Inutile de vous positionner correctement, Prizmo appliquera les corrections nécessaires.

Si dans les options vous avez coché la détection de page, une zone en surbrillance va vous indiquer la zone identifiée comme la page. Cela fonctionne assez bien, surtout si votre page posée sur une zone avec un fort contraste de couleur.

> **Note** : Ne vous inquiétez pas si la zone qui est indiquée ne correspond pas à votre page. La photo est conservée en entier et il vous sera toujours possible de modifier le cadrage.

Une fois que vous aurez pris en photos au moins une page, vous pourrez finaliser la numérisation en tapant sur le bouton « *OK* ». Vous vous retrouverez alors dans l'éditeur de documents.

6.1.2.3 L'éditeur de document

L'écran présente les éléments suivants :

1. En haut de l'écran, la barre de navigation permet de retourner à la liste des documents, affiche le nom du fichier et un dernier bouton permet de basculer en mode édition ;
2. La barre d'outils en bas de l'écran permet d'ajouter une nouvelle page, changer le type de document. Si par erreur vous étiez resté en mode image, vous pouvez ici corriger le type de votre document ;
3. Enfin, en dernière position le bouton d'action vous permet d'appliquer une action au document : lire le texte, exporter le fichier, exporter le texte reconnu par Prizmo ou copie ce texte dans le presse-papiers.

Illustration 133: Prizmo, éditeur de document

L'éditeur de documents de Prizmo affiche chaque page et vous permet d'aller les modifier individuellement. Il est encore possible de modifier le type de document en bas.

6.1.2.4 L'éditeur de page

En général cela n'est pas nécessaire, mais si votre document contient une page mal cadrée ou illisible, vous devrez basculer de l'éditeur de document vers l'éditeur de page :

1. tapez sur une des pages à modifier ;
2. vous êtes maintenant dans l'éditeur de page ;
3. l'image, après traitement, de la page est affichée au centre.

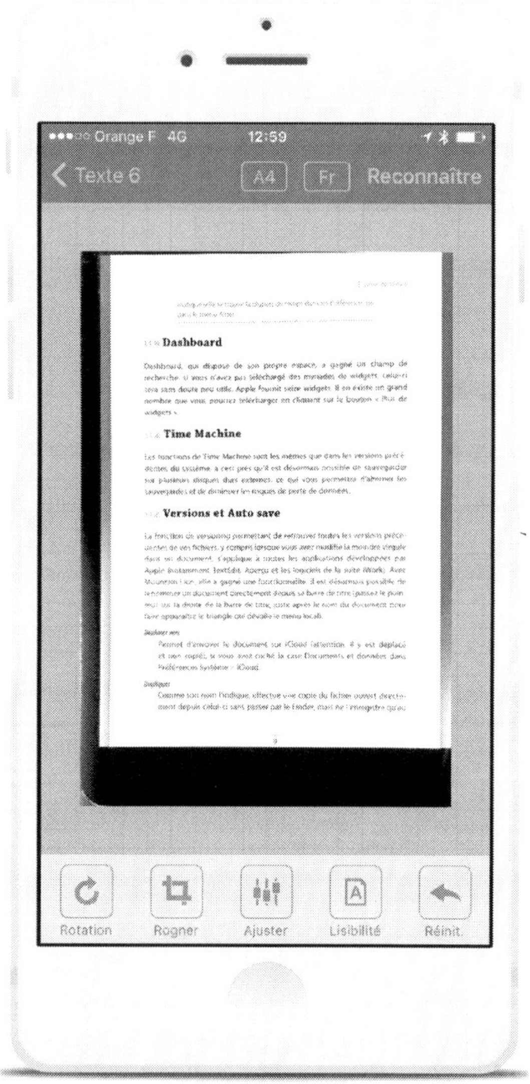

Illustration 134: Prizmo, éditeur de page

Dans l'éditeur de page de Prizmo vous pouvez modifier quelques réglages et éventuellement déclencher une reconnaissance de texte. Notez que dans ce cas vous pouvez ajuster les blocs de texte et l'ordre.

La barre de navigation, en haut, permet de revenir en arrière, de modifier les caractéristiques de la page (taille et langue) et, pour finir, un bouton permet d'appliquer une reconnaissance du texte.

En bas de l'écran, la barre d'outils vous permet de modifier l'orientation de la page, d'ajuster le cadrage, de changer les réglages de traitement (noir et blanc, couleur, etc.). Une option de lisibilité permet également d'ajuster le contraste d'un texte.

6.1.2.5 Recadrer une page

Cliquer sur l'icône « *rogner* » pour basculer vers l'outil de recadrage :

- la photo entière est affichée ;
- une zone encadre la zone de la page dans la photo ;
- les bordures du cadre peuvent être déplacées en les faisant glisser pour ajuster la portion de la page qui sera conservée.

Si vous faites glisser les poignées placées dans les coins, vous aurez un petit agrandissement pour viser correctement la limite des bords.

Si, au contraire, vous faites glisser les bords en utilisant les poignées centrales, vous pourrez remarquer que la limite a tendance à aller coller automatiquement les zones contrastées. Cet alignement automatique permet de facilement retrouver les limites d'une page dans un document potentiellement complexe.

Dès que le cadre de la page vous convient, vous pouvez valider vos modifications en tapant sur le bouton « *appliquer* » placé en haut à droite.

Illustration 135: Prizmo, ajuster le cadrage

Suivant le type de document et le fond sur lequel vous avez réalisé la numérisation, il est parfois nécessaire de refaire le cadrage pour la correction de perspective.

Vous reviendrez dans l'éditeur de page.

6.1.2.6 Créer un PDF

Notre sujet est tout le même la manipulation de fichiers PDF. Alors, comment créer un document PDF avec Prizmo, lorsque vous êtes sur la route, chez un client ou tout simplement pour numériser un reçu et l'archiver ?

Vous pouvez déclencher la reconnaissance de texte sur une page en particulier à partir de l'éditeur de page.

Nous allons faire cela directement au moment de l'exportation.

Revenez dans l'éditeur de document et cliquez sur le bouton d'action, en bas à droite :

1. un menu s'affiche et vous propose un ensemble d'actions possibles : lecture, exporter le fichier, exporter le texte ou copier le texte dans le presse-papiers ;
2. sélectionnez l'élément « *exporter un fichier* » ;
3. un nouveau menu va s'afficher pour vous demander dans quel format doit être ce fichier ;
4. sélectionnez l'élément « *PDF (images + texte accessible)* » pour créer un PDF qui intègrera à la fois les images des pages et le texte tel qu'il aura été reconnu par Prizmo ;
5. normalement, si vous ne l'avez pas déjà fait, un dialogue va vous demander d'appliquer la reconnaissance de texte ;
6. vous pouvez passer cette étape, mais vous n'auriez que les images des pages dans le PDF produit. Tapez donc sur « *OK* » pour lire le texte ;

7. une petite animation va visualiser, page par page, le processus d'analyse du texte ;
8. la reconnaissance achevée, le dialogue d'action du système va s'afficher pour vous demander quelle action doit être appliquée sur le PDF produit : l'envoyer par email, l'ouvrir dans une application, etc.

Pour vérifier le PDF généré, vous pouvez commencer par vous l'envoyer par courriel ou l'ouvrir dans une application liseuse comme iBooks. Vous pourrez voir que la qualité est tout à fait satisfaisante.

Ceci n'est qu'un survol des fonctions de cette application qui offre un excellent compromis entre simplicité d'utilisation et richesse fonctionnelle. Et l'utilisation du logiciel sur le Mac n'est pas du tout requise. Pour ma part, c'est mon application de prédilection lorsque j'ai besoin d'avoir un bon contrôle sur les réglages et que je n'ai pas besoin d'envoyer le document vers Evernote.

Dans ce dernier cas, c'est plus vers l'application suivante que je vais me tourner.

6.1.3 Scannable par Evernote

L'éditeur du service en ligne ne propose pas qu'une application de prise de note et de gestion de documents. Il a construit une série d'outils qui s'appuient sur le service. L'une de ces applications est Scannable, une autre application scanneur.

6.1.3.1 Acquisition

Outre son intégration avec Evernote, Scannable offre une bonne rapidité pour numériser des documents, particulièrement s'ils ont plusieurs pages. Par défaut, la détection des bords de feuille est activée et la prise de vue automatique.

Dès qu'une page est détectée par l'application, la photo est prise et vous pouvez passer à la page suivante. Une solution qui permet d'enchainer rapidement les pages.

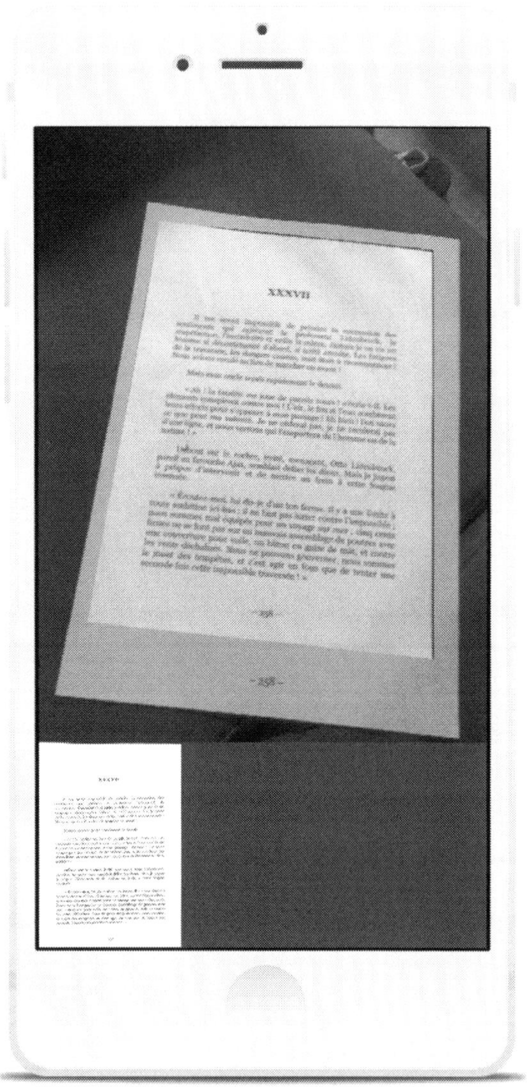

Illustration 136: Scannable, acquisition

L'acquisition peut être partiellement automatisée dès qu'une page est reconnue, ce qui accélère notablement le processus de numérisation pour les longs documents.

L'écran de numérisation est divisé en deux parties :

1. en haut, l'affichage de la partie photographiée ;

2. en bas le bandeau des vignettes de pages.

En haut du bandeau de vignettes, vous trouverez une série de boutons :

1. le premier donne accès aux réglages généraux de l'application, notamment pour lui associer votre compte Evernote ;
2. le second permet de se connecter à un scanneur Fujitsu ScanSnap WiFi ;
3. à droite, la troisième icône, en forme de poubelle, permet d'effacer les pages déjà numérisées pour tout reprendre de zéro ;
4. enfin, la dernière icône, une coche blanche sur fond bleu, permet de terminer la séance photo.

Dès qu'une photo est prise, vous verrez son image se placer dans le bandeau inférieur de l'écran. Dès que la totalité des pages a été passée en revue, il ne vous reste plus qu'à terminer pour passer à l'écran suivant.

https://evernote.com/intl/fr/products/scannable/

6.1.3.2 Modifier votre document

Dès que vous avez achevé la prise de vue, vous vous retrouverez dans l'édition du document.

Dans cette étape, vous constaterez que l'écran présente une liste horizontale des vignettes des pages :

1. sur chaque vignette, un petit bouton permet de basculer vers l'éditeur de page ;
2. en dessous de ce bandeau, le nom du fichier est affiché et vous pouvez le modifier en tapant sur ce nom ;
3. en bas à gauche un premier bouton permet d'envoyer le PDF, soit par email, soit en utilisant la feuille de partage d'iOS ;
4. en bas à droite, un second bouton permet d'enregistrer les images de pages dans la pellicule ou le PDF dans Evernote.

Il n'est pas possible de réordonner les pages du document, mais vous avez encore la possibilité de supprimer une page en la glissant vers le haut de l'écran.

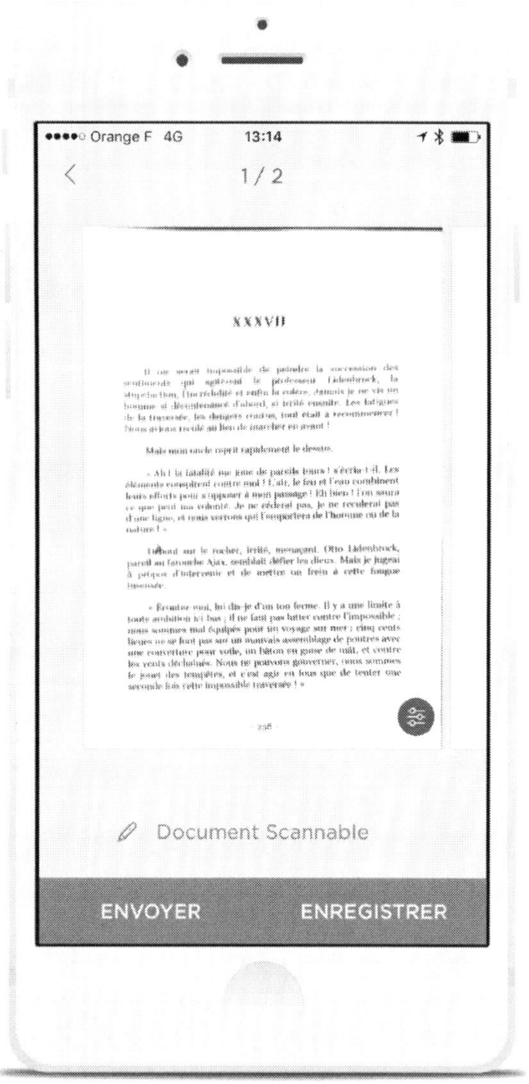

Illustration 137: Scannable, éditeur de document

Les outils d'édition de document sont simplistes, mais suffisants pour la plupart des besoins. L'application se concentre sur le processus d'acquisition, ce qui est fait sa force.

6.1.3.3 Ajuster une page

Sélectionnez une page et tapez sur le bouton de modification placé dans le coin inférieur droit de la vignette. L'affichage bascule alors dans l'éditeur de page.

Le bandeau inférieur contient quatre actions possibles :

- la suppression d'une page ;
- la rotation de la page ;
- le recadrage ;
- ou la restauration qui permet de revenir à l'image initiale.

Si vous tapez sur l'action « *recadrer* », vous verrez la totalité de la photographie initiale. Mais dans Scannable, si vous disposez bien de poignées pour ajuster les limites de la page, l'application ne vous propose pas de coller automatiquement aux limites qu'elle pourrait identifier. Vous être livré à vous même.

Revenez sur l'écran de l'éditeur de document en confirmant ou en annulant le nouveau cadrage.

Vous pouvez revenir dans la liste des pages en tapant à nouveau sur la page.

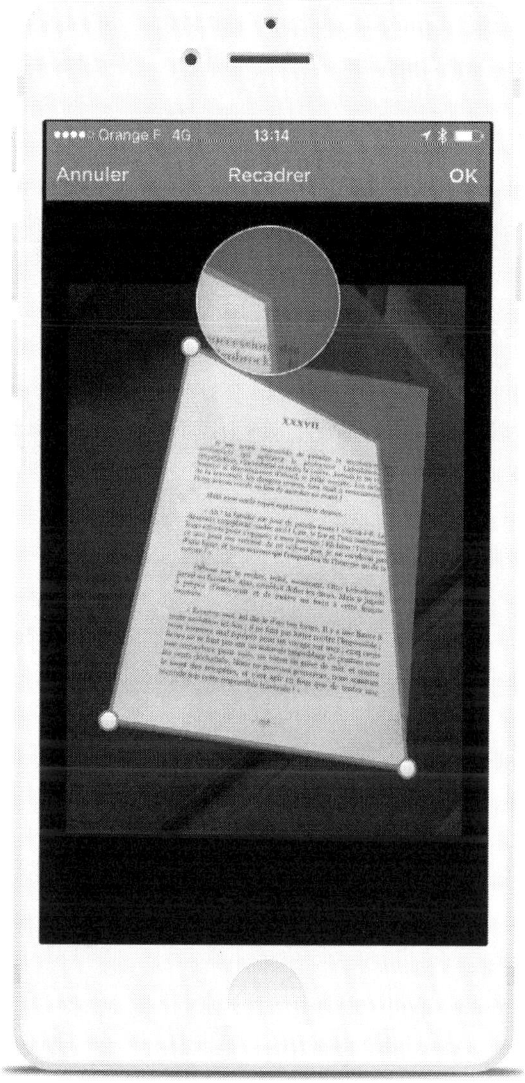

Illustration 138: Scannable, ajustement des pages

Comme pour toutes les autres applications du genre, l'outil de reconnaissance des bords de pages peut avoir besoin d'aide.

6.1.3.4 Partager le PDF

Vous pouvez maintenant exporter votre document dans un PDF en tapant sur le bouton « *envoyer* ». Vous aurez le choix entre une pièce jointe de courriel ou le dialogue de partage standard d'iOS :

- sélectionnez le bouton email ;
- l'écran de rédaction d'un message s'affiche ;
- vous pouvez entrer un destinataire, un sujet et modifier le message ;
- votre document apparait comme un PDF en pièce jointe ;
- il ne vous reste plus qu'à envoyer le message.

> **Note** : Avant de partager votre document, pensez à modifier son nom. Il vous suffit de taper sur le nom initial défini par Scannable pour avoir un champ de modification.

6.1.4 Scanbot

Il existe bien d'autres applications similaires. Pour terminer, je vais vous présenter une dernière application scanner : Scanbot.

L'application fonctionne de façon similaire à Scannable en vous permettant d'enchainer les photos de page.

De la même façon, il est possible de retoucher les photos pour ajuster le cadrage. Comme avec Prizmo, vous pouvez faire glisser les bords de la page et les voir coller sur les limites les plus reconnaissables.

La petite originalité de Scanbot se trouve dans l'introduction de *flux de travail* :

1. à partir de la liste de documents, faites glisser un document de la gauche vers la droite ;
2. une liste de flux de travail s'affiche.

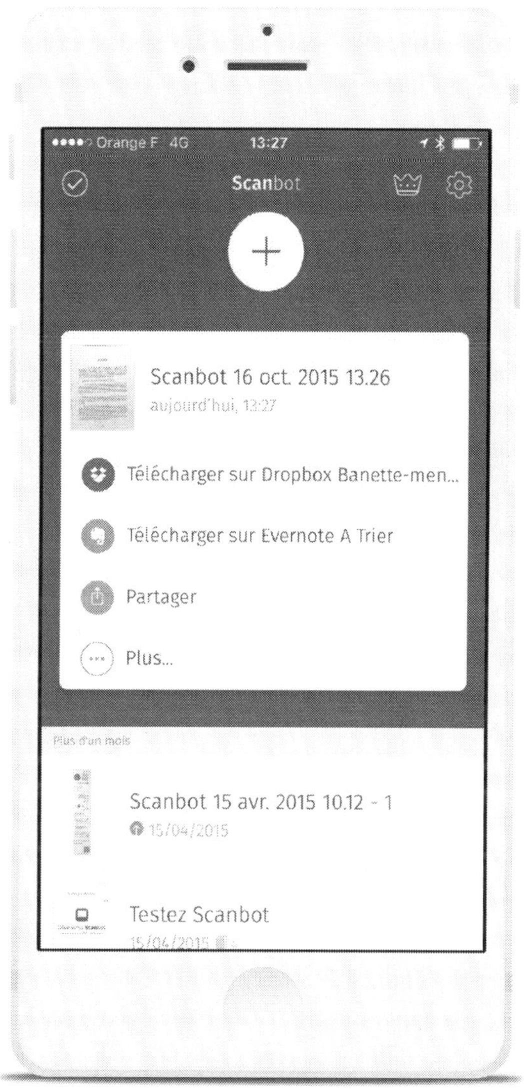

Illustration 139: Scanbot, sélection d'un flux

Les flux de traitement de Scanbot sont sa principale force quand on parle d'optimiser votre travail sur un terminal de poche.

Vous pouvez sélectionner directement un flux dans la liste ou en créer un nouveau en tapant sur le bouton « *créer une nouvelle* » :

- vous devez choisir le service ciblé ;
- chaque service correspond à une action particulière.

Par exemple, si vous sélectionnez le service « *Photos* » cela enregistre les pages dans la pellicule photo.

Si vous opter pour le service DropBox, vous devrez choisir un dossier de destination dans. Cela vous permet ensuite d'enregistrer un document dans un dossier précis d'une seule tape.

Les flux de traitements de *Scanbot* sont extrêmement simples, mais ils permettent malgré tout de gagner pas mal de temps sur des tâches très répétitives.

En ce qui me concerne, je n'utilise pas Scanbot. J'ai bien une solution similaire aux flux de traitements, mais elle s'appuie sur l'application Workflow. Mais tout cela sort largement du sujet de ce livre.

Quoi qu'il en soit, vous trouverez peut-être que Scanbot est un bon compromis entre Prizmo et Scannable.

https://scanbot.io/en/index.html

6.2 Lire ses PDF sur mobile et tablette

Que ce soit des lives électroniques, un contrat, une facture ou un bulletin de note, il est souvent utile ou agréable de pouvoir consulter des documents dans un salle d'attente ou même les transports en communs. La mobilité vous offre ce pouvoir et votre bibliothèque peut maintenant vous suivre dans votre poche ou au fond de votre sac à main.

6.2.1 L'aperçu d'iOS

Le système iOS des terminaux mobiles Apple intègre une visionneuse de documents. Vous l'avez certainement déjà utilisée en ouvrant une pièce jointe dans un courriel.

Cette fonction est basique mais vous pourrez l'utiliser dans de nombreuses applications. Pour l'activer à partir d'un message il vous suffit de taper sur l'icône d'une pièce jointe :

1. le document s'affiche en plein écran ;
2. tapez un coup dans le document pour afficher la barre de navigation, en haute, et la barre d'outil, en bas ;
3. la barre de navigation affiche le nom du fichier et permet de fermer l'aperçu en tapant sur le bouton « *OK* » ;
4. la première icône de la barre d'outils est le bouton d'action d'iOS qui affichera l'habituelle feuille de partage ;
5. en bas à droite un icône en forme de caisse à outils permet de modifier le document.

Lorsque vous consultez un document PDF dans l'aperçu du système les pages défilent verticalement d'un simple glissement de doigt.

Si ce fonctionnement est utile pour les documents les plus simples, il n'est pas toujours très adapté si le nombre de pages est élevé. Dans ce cas je vous conseille d'opter pour une liseuse plus puissante.

La première application de lecture que vous allez rencontrer sur votre iPad ou votre iPhone est certainement iBooks. C'est justement les fonctionnalités de cette application que vous allons survoler dans la section suivante.

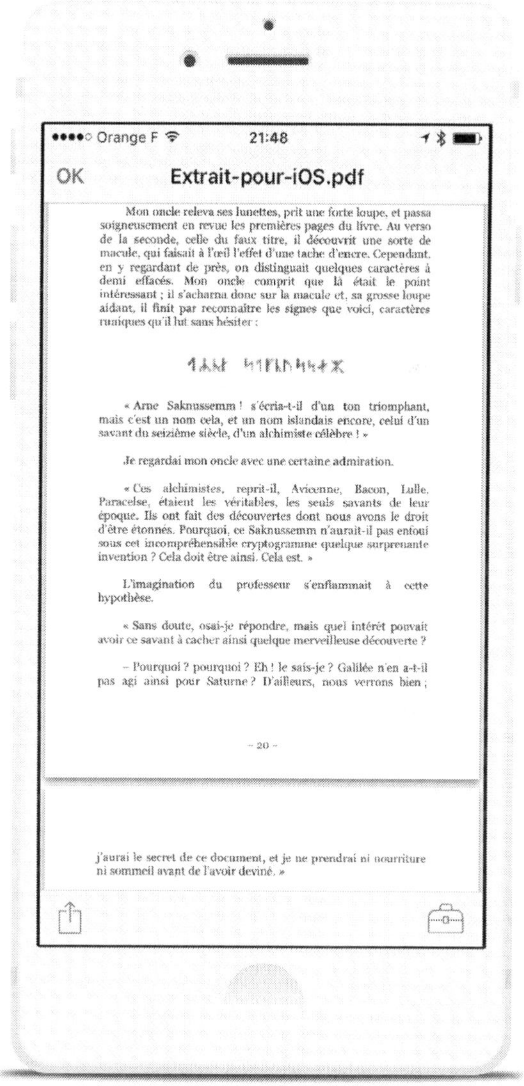

Illustration 140: Aperçu de document dans iOS

L'aperçu d'un document dans iOS inclus une barre d'outils pour appliquer une action sur le document ou l'annoter.

6.2.2 iBooks, la liseuse

Apple propose l'application gratuite iBooks. Elle est installée automatiquement sur votre terminal mobile depuis iOS 8.

6.2.2.1 Ajouter un PDF dans iBooks

Comment pouvez vous ajouter les PDF dans l'application iBooks ?

À partir de votre mac, il est toujours possible d'utiliser iTunes et la synchronisation des livres. Pour cela il vous faut connecter votre iPhone ou votre iPad au Mac :

- soit en utilisant le cable Lightning/USB fourni ;
- soit directement en Wifi si la synchronisation par Wifi est activée entre votre téléphone et iTunes.

Dans la section des options de synchronisation relative aux livres vous pouvez choisir quels PDF de votre bibliothèque doivent être copiés sur votre périphérique iOS. Pour les détails de la procédure, je vous renvoie à l'aide d'iTunes.

Lorsque vous être sur votre terminal iOS, il est vous est tout autant possible d'ajouter des PDF dans la bibliothèque iBooks. Pour cela, depuis iOS 7, vous avez la feuille d'actions :

1. cherchez un email contenant une pièce jointe PDF ;
2. tapez sur son icône pour afficher le contenu ;
3. dans la barre des actions, faite apparaitre les actions de partage en tapant sur l'icône d'action en bas à gauche ;
4. la feuille des actions apparait à l'écran.

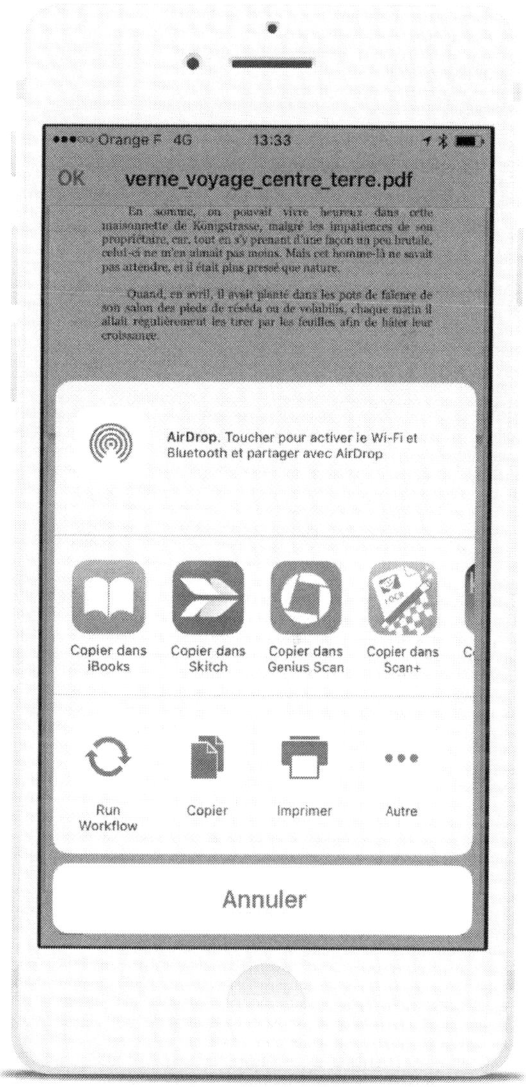

Illustration 141: Ouvrir un PDF dans iBooks

La feuille de partage vous permet de copier le document dans l'application iBooks.

Le dialogue des actions de partage est divisé en trois parties :

1. la première ligne concerne *AirDrop*, la solution de partage directe entre terminaux iOS et/ou Mac ;
2. la seconde ligne affiche les applications capables d'ouvrir votre document, dont iBooks pour les PDF ;
3. la troisième et dernière ligne représente les traitement possible, soit fournis par le système, soit proposés par d'autres applications.

Dans notre cas, nous n'avons pas besoin d'*AirDrop* ni d'un traitement sur le fichier. Ce que nous volons c'est bien envoyer le document vers l'application iBooks :

1. faites glisser horizontalement les icônes de la seconde ligne jusqu'à voir celui d'iBooks[18] ;
2. tapez maintenant sur l'icône d'iBooks pour ouvrir le PDF dans cette application ;
3. La liseuse s'ouvre automatiquement sur la consultation du document.

Vous savez maintenant copier un PDF dans iBooks. Nous allons voir comment utiliser l'interface de navigation et de recherche.

18. Si l'icône de la liseuse iBooks n'est pas affiché, c'est qu'elle a été inactivée sur votre iPhone ou iPad.

6.2.2.2 La lecture dans iBooks

Lorsque vous lisez un document PDF dans iBooks, la présentation peut alterner entre la page seule et l'interface utilisateur complète :

1. tapez au centre de la page pour alterner entre ces deux modes ;
2. une tape dans la partie gauche de l'écran passeà la page précédente ;
3. une tape dans la partie droite de l'écran passe à la page suivante.

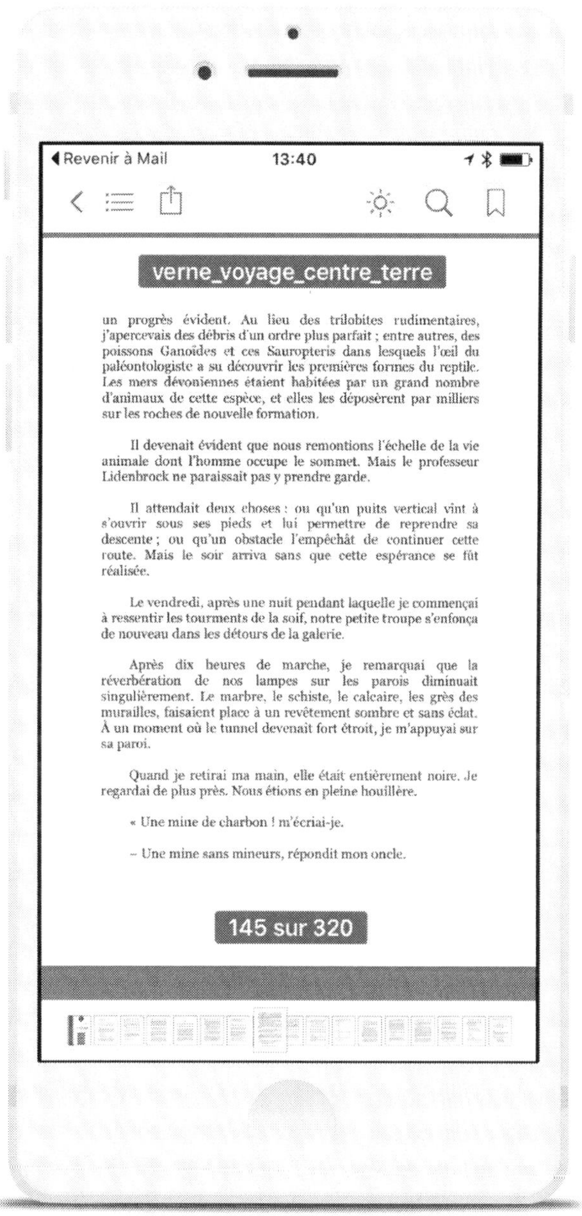

Illustration 142: iBooks, l'interface

L'interface de l'application iBooks.

Les éléments de contrôle se répartissent sur la barre du haut :

1. le premier bouton donne accès à la navigation dans les pages, le sommaire ou les signets ;
2. le second bouton permet d'envoyer le document par email ou de l'imprimer ;
3. plus loin, dans la moitié droite, le bouton suivant contient le réglage de luminosité de l'écran ;
4. le bouton en forme de loupe est utilisé pour faire une recherche dans le texte ;

5. enfin, le dernier bouton permet d'ajouter ou supprimer un marque-page à votre position de lecture.

En bas de l'écran, les vignettes des pages s'alignent horizontalement pour vous permettre de naviguer plus rapidement entre les pages simplement en glissant :

1. maintenez le doigt sur une vignette ;
2. la page indiquée s'affiche ;
3. sans relâcher, faites glisser le doigt et vous pouvez naviguer entre les pages ;
4. relâchez lorsque vous êtes sur la page que vous recherchiez.

6.2.2.3 Naviguer dans un PDF

Le bouton de navigation vous permet de naviguer dans un document de trois façons différentes :

1. en visualisant les vignettes des pages ;
2. en consultant la table des matières du document ;
3. directement sur les pages où vous aurez positionné un marque-page.

> **Note :** le sommaire d'un document n'est pas toujours disponible. Si le document n'intègre aucune table des matières, cette vue ne sera pas proposée.

Lorsque vous lisez un livre ou un PDF dans iBooks, il est possible de noter une page en particulier. Ceci se fait en plaçant un signet virtuel :

1. tapez sur l'icône signet en haut à droite de la barre de navigation ;
2. le signet passera d'un dessin d'un contour de signet à un signet colorié de rouge ;
3. vous avez maintenant placé un marque page.

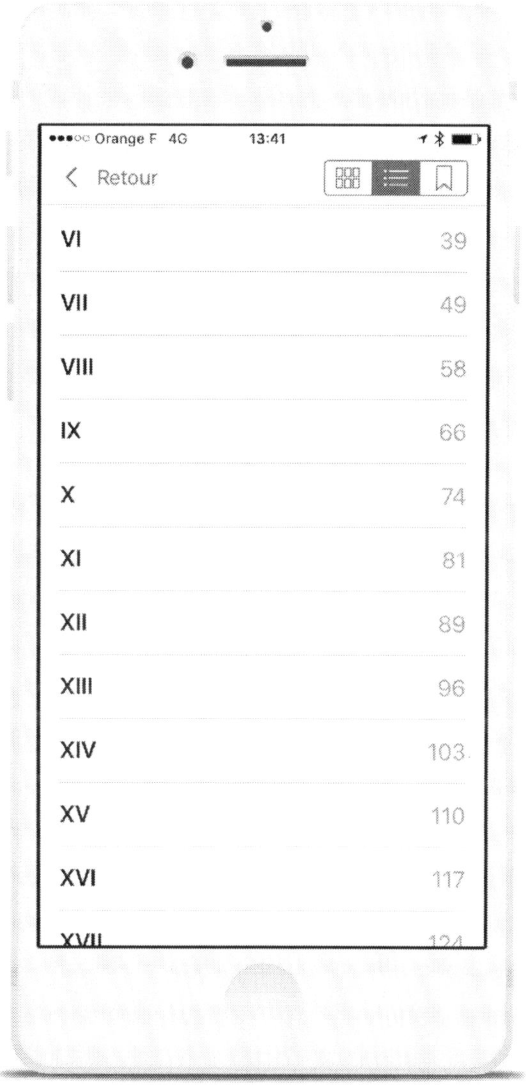

Illustration 143: iBooks, sommaire de document

Le sommaire d'un document dans l'application iBooks.

Pour visualiser vos signets, allez dans l'écran de navigation :

1. sélectionné le troisième bouton, celui en forme de signet ;
2. vous verrez une vignette de la page avec un marque page rouge.

6.2.2.4 Rechercher dans un livre

Pour rechercher du texte dans un PDF, ou un livre, il vous faut taper sur l'icône en forme de loupe :

1. un champ texte vous permet de taper un mot clé, un morceau de phrase ;
2. dès que vous aurez entré quelques caractère, la recherche se lance ;
3. les résultats s'affichent sous la forme d'une liste de courts extraits, le numéro de la page correspondante est inscrit sur la droite ;
4. tapez sur une des lignes pour aller consulter un résultat ;
5. la page correspondante s'affiche, le terme recherché est colorié en jaune.

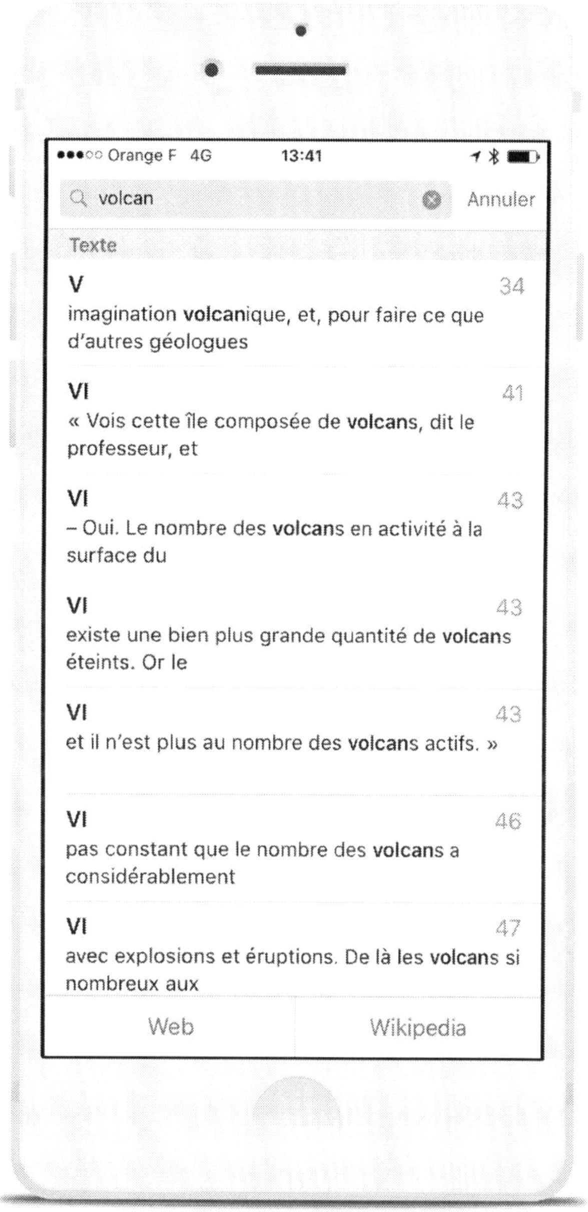

Illustration 144: iBooks, la recherche

La recherche d'un terme dans l'application iBooks.

Pour revenir sur d'autres résultats, il vous faut tapoter à nouveau sur la loupe :

1. votre recherche est toujours là, ainsi que la liste des résultats ;
2. il vous suffit de taper un autre résultat pour le consulter ;
3. remarquez qu'en bas de la liste vous pouvez également faire votre recherche sur le web ou le site Wikipédia.

Maintenant que vous savez consulter des PDFs, vous pouvez monter d'un niveau. La section suivante va vous expliquer comment annoter et modifier des PDF directement de votre téléphone ou votre tablette.

6.3 Modifier ses PDF sur mobile et tablette

Ne vous est-il jamais arrivé de recevoir un document par email alors que vous êtes loin de votre bureau ou de chez vous ? Peut-être venez-vous de recevoir un contrat à signer et renvoyer rapidement alors que vous êtes au fond de votre canapé?

Respirez un grand coup, sortez votre tablette ou votre téléphone. Il est inutile de courir vers l'ordinateur, vous avez déjà tout en main.

6.3.1 Les fonctions de l'aperçu d'iOS

Posons la scène : vous venez de recevoir un courriel avec une pièce jointe. Vous devez rapidement relire le tout et renvoyer vos commentaires à l'expéditeur.

Mail sur iOS vous permet de faire cela très facilement en utilisant les fonctions d'annotation dans la visualisation des PDF[19] :

1. ouvrez le message qui contient, en pièce jointe, le PDF à annoter ;
2. tapez sur l'icône du PDF pour ouvrir la visualisation ;
3. tapez une fois dans le document pour afficher la barre d'outils ;
4. affichez les outils d'annotation en tapant sur l'icône en forme de boite à outils ;
5. iOS va créer automatiquement un message de réponse, dupliquera le PDF et bascule dans l'interface de modification[20].

19. Cette fonctionnalité n'est disponible qu'à partir de la version 9 du système iOS.
20. Lorsque vous éditez ainsi un PDF, l'affichage utilise un affichage sombre.

La barre d'outils, en bas de l'écran, contient quatre outils différents pour annoter vos documents :

- un outil de dessin, l'icône en forme de crayon ;
- un outil de loupe pour insérer un agrandissement d'un détail ;
- un outil texte pour ajouter une note dans la page ;

Illustration 145: Modification d'un PDF

Dans l'outil de visualisation, taper sur la boite à outils pour basculer dans l'outil d'annotation.

– et enfin, l'outil de *signature* pour ajouter votre signature personnelle.

Lorsque vous sélectionnez un outil, une ligne supplémentaire s'affiche au-dessus de la barre d'outils pour sélection la couleur et l'épaisseur des traits.

Illustration 146: Outil de dessin actif

Un outil actif propose des options supplémentaires. Pour le dessin, on peut choisir la couleur du trait et l'épaisseur. Remarquez qu'à droite la reconnaissance de forme permet de dessiner des formes régulières.

> **Note :** Comme sur Mac, si vous dessinez une forme de façon approximative, votre terminal iOS essayera de la reconnaitre et vous proposera d'utiliser soit votre dessin, soit la forme qu'il aura reconnue.

L'outil de loupe fonctionne exactement comme sur Mac. Il affiche un cercle où la poignée bleue permet d'ajuster le diamètre et la verte le facteur de grossissement. La couleur et l'épaisseur de trait concernent le dessin du cercle qui entoure la zone agrandie.

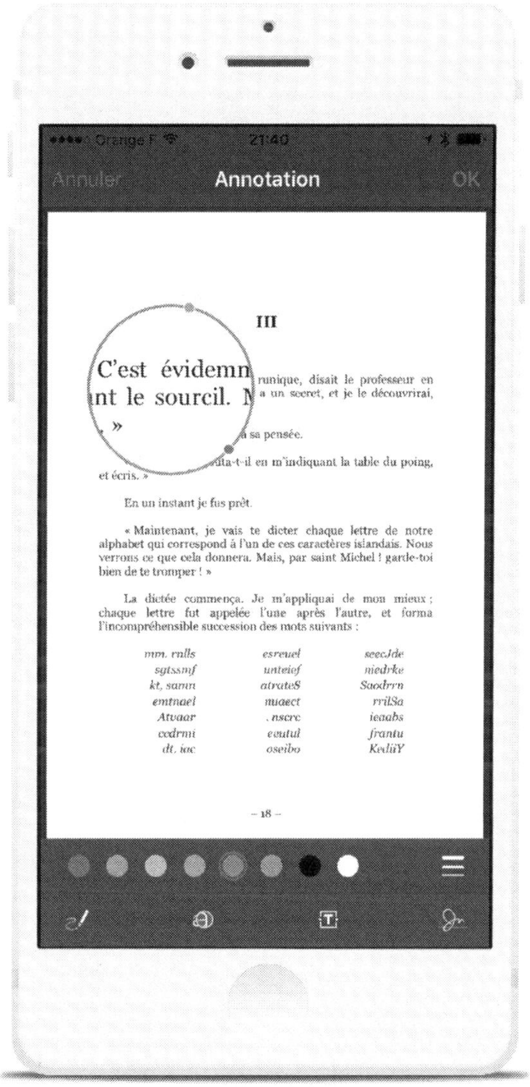

Illustration 147: Annotez vos dessins avec une loupe

Ajoutez un effet de loupe pour mettre en valeur une partie de page.

Lorsque vous utilisez l'outil de texte, un bloc de texte est automatiquement ajouté à la page :

- la couleur permet de changer celle du texte ;
- le bouton à droite permet de choisir la police de caractères entre Helvetica, Georgia et Noteworthy, mais aussi la taille du texte et son alignement.

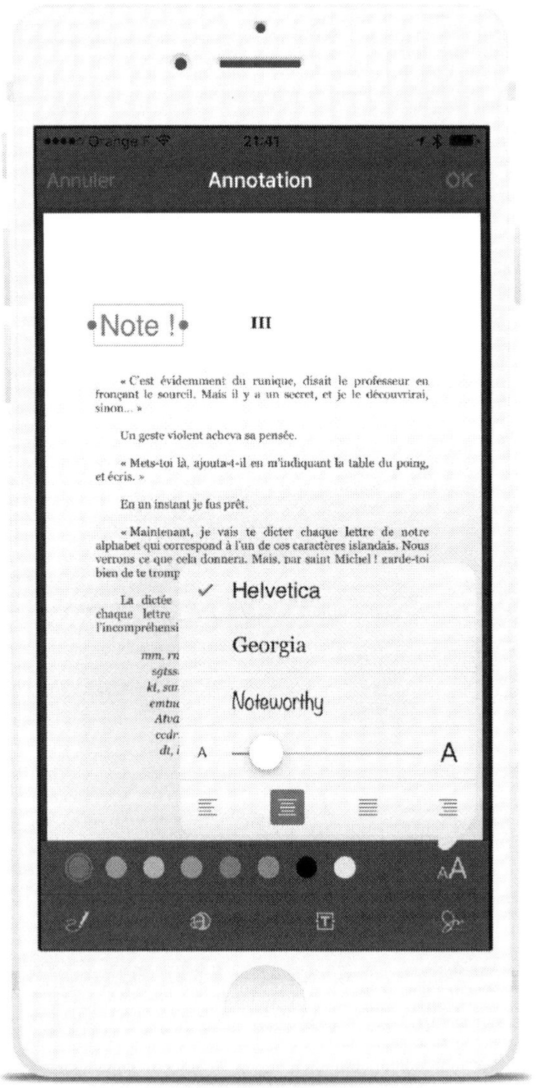

Illustration 148: Annoter un PDF avec un texte

L'outil de texte peut être personnalisé pour jouer sur la couleur et le style des caractères.

L'outil de signature permet quant à lui de créer des signatures en les dessinant sur l'écran et de les insérer dans la page. Là aussi, vous avez la possibilité de choisir la couleur de votre signature, mais pas de jouer sur la finesse et l'épaisseur du trait.

Illustration 149: Signature de documents

L'outil de signature permet d'apposer une signature manuscrite sur vos documents. Comme sur Mac vous pouvez créer vos signatures à la main sur l'écran. Il n'est en revanche pas possible de photographier une signature manuscrite.

6.3.2 Adobe Acrobat Reader

Quand on parle de PDF, il est difficile de ne pas mentionner les solutions d'Adobe. Les utilisateurs de PC sous Windows ont le plus souvent dû installer PDF Reader pour consulter les documents dans ce format.

C'est bien normal de revenir aux sources puisque Adobe est tout de même la société à l'origine de ce format.

Adobe propose sur l'App Store son application Reader. L'application est gratuite pour un usage limité à la consultation et l'annotation. Mais il vous faudra passer par des abonnements payants dès qu'il est question de modifications plus poussées ou de stockage de fichiers dans le cloud d'Adobe. À vous de voir en fonction de vos besoins.

Lorsque vous ouvrez un PDF dans Adobe Reader, vous avez en haut une barre de titre qui indique dans quelle partie de l'application vous êtes :

- l'icône de gauche affichera le menu latéral des sections : vos documents, la visionneuse, les commentaires, la création d'un PDF, l'exportation d'un PDF, la conversion d'une photo en PDF, votre compte Adobe et enfin l'aide ;
- à droite se trouve un bouton d'annulation pour les actions involontaires.

https://acrobat.adobe.com/fr/fr/

En bas de l'écran, vous avez un bandeau d'icônes :

- des lunettes pour les *options* d'affichages ;
- une bulle de BD pour basculer vers les outils d'*annotation* ;
- une loupe pour lancer une *recherche* ;
- un bouton d'action pour *partager* le fichier ;
- une icône de livre pour afficher le *sommaire* du PDF.

Illustration 150: Adobe Reader, consultation de documents

Les fonctionnalités d'Adobe Reader sont accessibles dans un menu latéral. Les actions sont placées dans une barre d'outils, en bas de l'écran.

Concentrons-nous sur les outils d'annotation qui sont à votre disposition :

1. cliquez sur l'icône des outils ;
2. le bandeau des actions est remplacé par une série d'icônes ;
3. en haut de l'écran, un bouton « *terminer* » vous permet d'appliquer vos mises à jour et revenir en mode consultation.

Les outils d'annotations sont de gauche à droite :

– une bulle de BD pour ajouter un commentaire ;

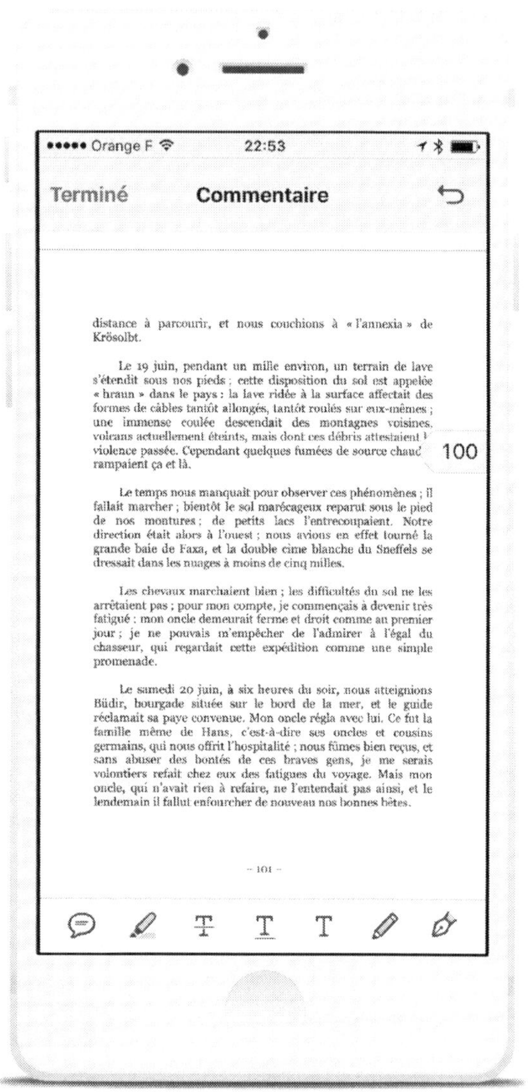

Illustration 151: Adobe Reader, les outils d'annotation

Les options sont relativement limitées et il ne vous est pas possible de sélectionner les couleurs de vos annotations pendant le tracé.

- un marqueur pour surligner un passage de texte[21] ;
- un « T » barré pour rayer du texte ;
- un « T » souligner pour souligner du texte ;
- un « T » simple pour insérer du texte sur la page ;
- un crayon pour dessiner dans la page ;
- une plume de stylo vous amènera dans la fonction de signature.

Si vous touchez un texte surligné, vous aurez le choix entre :

- effacer le *surlignement* de couleur ;
- changez la *couleur* parmi du vert, de l'orange ou du jaune ;
- jouer sur l'*opacité* du surligneur.

En touchant un texte barré, vous pouvez changer la couleur du trait entre noir, bleu et rouge. Pour les textes soulignés, le choix sera limité au noir, vert ou rouge.

Lorsque vous toucherez un texte ajouté à la page, il vous est possible de jouer :

- sur la *taille* de la police ;
- sur la *couleur* ;
- ou modifier le *contenu*.

Une fois votre dessin fait, vous pouvez le sélectionner d'une tape. Un menu s'affichera :

- vous pouvez supprimer le dessin ;
- changer l'épaisseur du trait ;
- choisir une couleur entre du noir, du bleu, du vert ou du rouge ;
- jouer sur l'opacité.

21. À la première utilisation du surligneur, Reader vous demandera votre nom pour identifier vos modifications.

Ce même menu s'affichera si vous tapez une signature.

L'utilisation de la signature est assez simple. La première fois, vous devrez créer une signature en la traçant du doigt. Par la suite, vous pourrez réutiliser cette même signature ou en créer de nouvelles.

6.3.3 PDFPen

L'éditeur Smile propose son application PDFpen sur le Mac, mais aussi sur iOS. Si vous achetez cette application vous pourrez utiliser *iCloud* pour échanger des documents entre votre Mac et votre iPhone ou votre iPad.

PDFpen sur iOS ne se limite pas au seul service d'hébergement de fichiers d'Apple, vous êtes libre de l'utiliser avec *DropBox*. Que ce soit avec *iCloud* ou *DropBox*, lorsque vous connectez un dossier hébergé sur internet, PDFpen le voit comme un *dossier de synchronisation*. C'est-à-dire que vos modifications seront poussées sur l'hébergement et que les modifications réalisées sur les fichiers hébergés seront récupérées automatiquement.

L'application PDFpen pour iOS est utilisable à la fois pour consulter des documents ou les annoter.

https://smilesoftware.com/pdfpen-ios

6.3.3.1 Gestion des fichiers

PDFpen s'ouvre sur le contenu d'un dossier et affiche les fichiers sous la forme de grille ou d'une liste.

Illustration 152: PDFpen, les documents

Dans PDFpen pour iOS vous pouvez utiliser des fichiers sur votre terminal, dans iCloud ou sur Dropbox.

1. Un bouton « + » permet d'ajouter un nouveau fichier au dossier actuel. Ce que vous ferez en l'important ou en en créant un nouveau de toute pièce.
2. Au centre, le nom du dossier actuel est affiché. Vous pouvez changer de dossier en tapant sur ce nom et en choisissant un autre dossier. Vous pouvez aussi ajouter un dossier synchronisé à partir d'un compte DropBox.
3. Un bouton en forme de clé à molette donne accès aux réglages de l'application ainsi qu'aux pages d'aide.
4. Enfin, bon dernier et collé à droite, le bouton « *modifier* » bascule dans le mode modification. À partir de là, vous pourrez sélectionner les fichiers et dossiers à supprimer ou exporter.

Sous la barre d'actions, vous avez un bouton en forme de loupe pour déclencher une recherche dans le dossier ainsi qu'un bouton à deux états pour basculer entre la vue en grille et la vue en liste.

Tapez sur le nom d'un élément pour renommer fichier ou dossier, et une tape sur l'icône des documents permet de basculer dans la liseuse de PDF. Une tape sur la page permet d'alterner l'affichage de la barre d'outils en haut de l'écran.

Cette barre d'outils propose les actions suivantes, de la gauche vers la droite :

1. une flèche vous ramène au contenu du dossier ;
2. un bouton d'annulation permet un repenti sur une modification involontaire ;
3. une icône en forme de pile de feuilles bascule vers l'affichage des vignettes de page qui permet d'aller rapidement sur une page précise d'une tape ;
4. un bouton « *abc* » ouvrira une seconde barre d'outils pour les annotations.

6.3.3.2 Annoter un PDF avec PDFpen

Les outils d'annotation sont répartis entre quatre icônes de la barre d'outils :

- « *abc* » pour les outils de surlignement ;
- une icône de crayon pour les outils de dessin ;
- un « *T* » pour tout ce qui concerne l'ajout de texte ;
- enfin, une dernière icône en forme de bibliothèque permet d'insérer des symboles graphiques dans la page, comme pour la version Mac.

Le dernier outil à droite, en forme de clé à molette, ouvre un menu qui affiche toute une série d'actions :

- les actions de partage avec les autres applications ;
- l'impression du document avec les imprimantes compatibles AirPrint ;
- un outil de numérotation des pages ;
- le chiffrement du fichier pour le protéger par un mot de passe ;
- la consultation des informations intégrées au document comme le titre, l'auteur, le sujet, les mot-clés, l'application utilisée pour créer le fichier ainsi que les dates de création et de modification ;
- pour en finir, les réglages de l'application comme l'utilisation d'iCloud et la synchronisation automatique des dossiers.

Ouvrez un PDF que vous pouvez sacrifier en le gribouillant et activez les outils de surlignement :

- les options de surlignement s'affichent dans une seconde ligne de la barre d'outils ;
- une tape sur le premier bouton vous donne le choix du type de mise en value : colorier, souligner, barrer, ou souligner en ondulant ;
- plus à droite, une pastille de couleur permet de choisir la couleur à utiliser ;
- une petite main avec une croix permet de définir une zone insensible sur l'écran pour les utilisateurs de stylet ;
- un bouton en forme de croix fléchées active le zoom par pincement ou écartement ;
- la flèche située à droite désactive l'outil de surlignement.

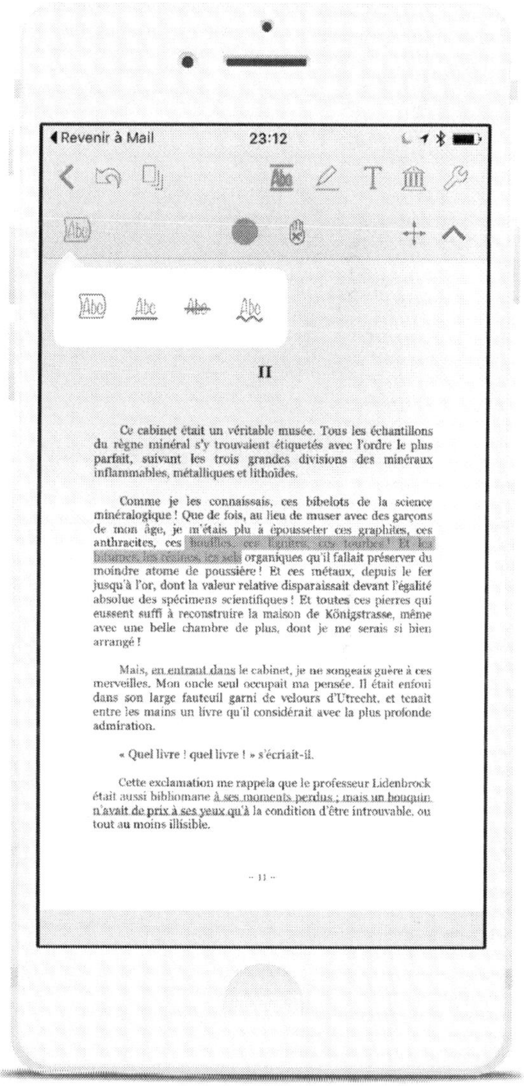

Illustration 153: PDFpen, les outils de surlignement

Les outils de surlignement de PDFpen.

Basculez maintenant vers l'outil de dessin :

- le premier bouton donne à choisir entre le dessin libre, les polygones, rectangles, carrés, rectangles arrondis ovales et lignes ;
- la pastille de couleur donne accès à la palette des couleurs pour le trait ;
- le bouton en forme de trait permet de définir l'épaisseur de trait et le style de dessin.

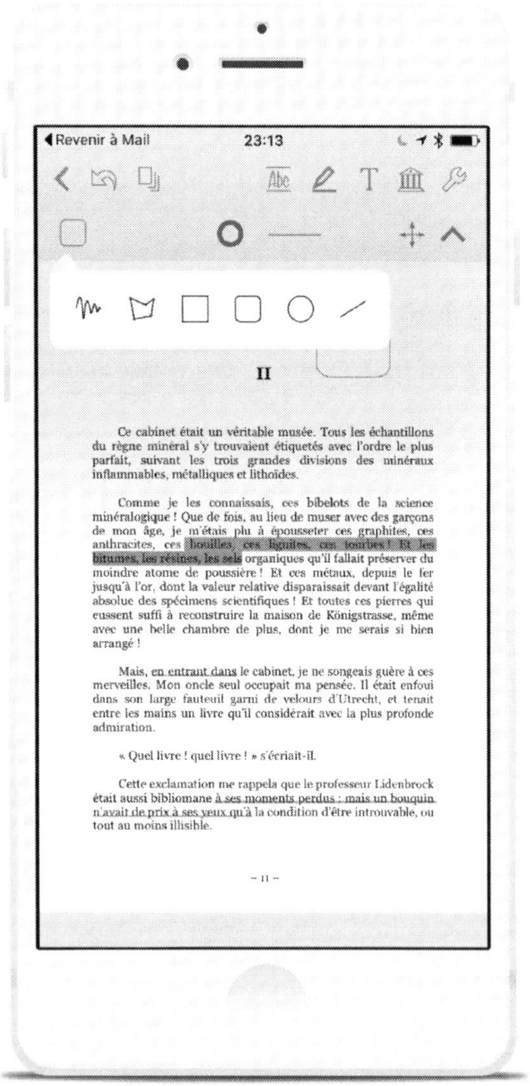

Illustration 154: PDFpen, les outils de dessin

Les outils de dessins sont plus rustiques que dans l'outil d'aperçu intégré à Mail.

Pour sa part, l'outil de texte offre trois variantes :

- un texte dans la page ;
- un bloc de commentaire, la pastille de couleur en définit la couleur de fond ;
- un commentaire qui est associé à une petite bulle de BD et ne s'affiche que lorsqu'on touche celle-ci.

Les options de l'outil de texte sont classiques avec police de caractères, taille, couleur du texte, alignement, plan de dessin. Ces options sont disponibles ou non en fonction du type de bloc de texte sélectionné.

La bibliothèque graphique fonctionne comme sur Mac. Vous sélectionnez un symbole et il s'ajoute à la page. Et comme sur Mac, vous pouvez utiliser vos propres images et dessins. Très utile pour apposer sa signature sur un document.

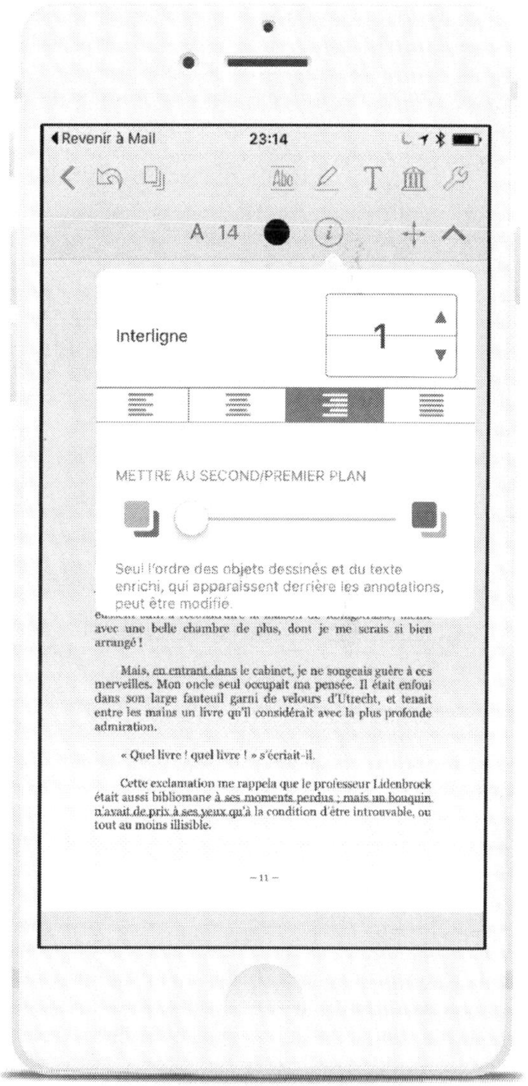

Illustration 155: PDFpen, ajout de texte

Il est possible d'ajouter du texte et d'en personnaliser le style avec PDFpen.

6.3.4 Documents de Readdle

L'éditeur Readdle propose tout un ensemble d'application mobiles pour améliorer votre productivité loin du bureau :

- Scanner Pro est une alternative aux scanneur de poche que je vous ai présentées dans la première section de cette partie.
- PDF Expert est dédié à la consultation et manipulation des PDFs ;
- Printer Pro se veut être une alternative au système d'impression d'iOS et offre un peu plus de souplesse pour contrôler l'impression d'un document ;
- PDF Converter est un outil pour créer des PDF à partir d'un document de tout type directement sur votre iPhone ou votre iPad.

Mais l'application que je vais vous présenter peut vous aider à centraliser vos documents. En effet, Documents permet d'accéder à tout un ensemble de services :

- les solutions d'hébergement de fichiers : Dropbox, Google Drive, Box, OneDrive ;
- des protocoles de partage classiques comme : WebDAV, FTP, SFTP, SMB (Windows) ;
- et aussi des plateformes de service comme SugarSync, Sharepoint Office 365, Sharefile et Yandex.Disk.

En intégrant tous ces différents service, Documents peut venir concurrencer iCloud et devenir votre point d'accès préféré pour naviguer dans vos différents espaces de stockage.

Il permet bien entendu de consulter d'autre types de fichiers que les seuls PDF. Mais c'est aussi une liseuse PDF et il offre les fonctions de surlignement les plus classiques, la recherche dans un document ainsi que la navigation dans le sommaire, les signets ou les annotations.

En revanche, les fonctions d'annotation sont associées à un achat intégré.

https://readdle.com/products/documents/

7 Pour finir...

J'espère que ce livre vous aura fait découvrir une partie du potentiel inexploité de votre Mac.

Vous l'aurez peut-être deviné, le sujet abordé en filigrane tout au long de ce livre est la réduction de l'utilisation de papier. Les fichiers au format PDF sont un excellent choix de feuilles numériques. C'est aussi un outil incontournable pour adopter un mode de vie « sans papiers » (*paperless*) sans prendre le risque d'être bloqué avec un format de fichiers propriétaires.

Même si vous ne cherchez pas à effacer les feuilles de cellulose, ou le papyrus, de votre quotidien, je pense qu'il est indispensable de se familiariser avec ce PDF qui est un format universel.

Made in United States
Orlando, FL
05 November 2026

90229891R00168